Datos para una mejor gobernanza

Este libro, junto con sus contenidos asociados o actualizaciones posteriores, puede consultarse en https://hdl.handle.net/10986/42413.

Declaración de divulgación de inteligencia artificial: WBG-Translate, desarrollado por la Unidad de Traducción e Interpretación de Soluciones Institucionales Globales del Banco Mundial y que funciona con la tecnología de redes neuronales de Microsoft a través de Azure Services, se utilizó en junio de 2025 para traducir el texto original en inglés. El texto fue revisado y modificado por traductores del Centro Latinoamericano de Administración para el Desarrollo (CLAD).

Reproducible Research Repository

https://reproducibility.worldbank.org

Un paquete de material reproducible está disponible para este informe en el Repositorio de Investigación Reproducible en https://reproducibility.worldbank.org/index.php/catalog/209.

Escanee el código QR para obtener más información sobre la recopilación de datos analíticos del Gobierno.

Datos para una mejor gobernanza

Construyendo ecosistemas analíticos gubernamentales en América Latina y el Caribe

JUAN FRANCISCO SANTINI,
FLAVIA SACCO CAPURRO,
DANIEL ROGGER, TIMOTHY LUNDY,
GALILEU KIM, JORGE DE LEÓN MIRANDA,
SERENA COCCIOLO Y CHIARA CASANOVA

Traducido por el Centro Latinoamericano de Administración para el Desarrollo (CLAD)

GRUPO BANCO MUNDIAL

1 2 3 4   29 28 27 26

La presente obra fue publicada originalmente por el Banco Mundial en inglés en 2024, con el título *Data for Better Governance: Building Government Analytics Ecosystems in Latin America and the Caribbean*. En caso de discrepancias, prevalecerá el idioma original.

ISBN (papel): 978-1-4648-2278-0
ISBN (eletrónico): 978-1-4648-2313-8
DOI: 10.1596/978-1-4648-2278-0

Obra de arte de la portada: © Pixel Matrix/Adobe Stock. Reproducido con el permiso de Pixel Matrix/Adobe Stock. Su reutilización debe contar con la debida autorización.

Diseño de la portada: Bill Pragluski, Critical Stages, LLC.

Contenido

APÉNDICES

RECUADROS

GRÁFICOS

MAPA

CUADROS

Prólogo

En América Latina y el Caribe (ALC) es fundamental mejorar la calidad de la gestión de gobierno para prácticamente todos los programas, ya se trate de proporcionar servicios sociales de mejor calidad y con mejores respuestas a las necesidades, acelerar el crecimiento, garantizar la seguridad pública o apoyar a las zonas rezagadas. Además, los altos niveles de servicio de la deuda y la falta de espacio fiscal público hacen que se haga hincapié en la necesidad de utilizar los recursos disponibles de la manera más eficiente posible.

La región de América Latina y el Caribe está bien posicionada para avanzar en la resolución de estos desafíos. En los últimos 20 años, los países han invertido grandes sumas en la creación de sistemas de información para respaldar las actividades gubernamentales. Los datos almacenados y monitoreados en los sistemas de información de gestión de la región ahora cubren un promedio del 79 % del total de ingresos y transferencias del Gobierno, y por lo menos el 40 % del gasto total del Gobierno central.

En cada byte de estos datos está incorporada una oportunidad para fortalecer la calidad de la gestión de gobierno de la región. Cada byte actúa no solo como un registro de los asuntos del gobierno, sino también como un diagnóstico de sus fortalezas y debilidades. La reutilización de los datos administrativos gubernamentales para fortalecer la administración pública es lo que el Banco Mundial ha denominado "analítica gubernamental". En consonancia con las transformaciones de las empresas del sector privado basadas en el valor inherente a grandes volúmenes de datos, el sector público tiene la oportunidad de cambiar su propia función de producción para mejorar la prestación de servicios y lograr un gobierno más eficaz.

Esta reorientación de los datos administrativos del Gobierno hacia fines de diagnóstico es un desafío, y requiere que los sistemas de datos estén disponibles para los analistas y que estos tengan la capacidad de proporcionar información útil a partir de estos datos. Esto requiere contar con el personal adecuado en los lugares apropiados, una cultura de formulación de políticas basada en datos empíricos y un compromiso nacional a largo plazo.

En este informe se analiza cómo los Gobiernos de ALC están analizando efectivamente sus datos administrativos para fortalecer el funcionamiento de la administración pública. El panorama que se presenta en este reporte es que se están realizando analíticas gubernamentales en ALC, pero su potencial continúa en gran medida desaprovechado. Hay poca visión estratégica a largo plazo, la capacitación es puntual y desigual, y los sistemas de datos podrían coordinarse mucho mejor.

Como muestran los ejemplos presentados en *The Government Analytics Handbook* (2023), el impacto de aprovechar nuestro potencial regional para desarrollar analíticas gubernamental en términos de desempeño y eficiencia es enorme, generando cientos de millones de dólares en ingresos adicionales para el gobierno, una mejor gestión del personal y mejoras inmediatas en la orientación de los recursos a las escuelas y una prestación de servicios de salud con mayor capacidad de respuesta. Este volumen de la colección Government Analytics ofrece una hoja de ruta para hacer realidad ese potencial y un vínculo entre los estudios académicos y las medidas prácticas de políticas. Tenemos mucho por hacer.

William F. Maloney
Economista en jefe, región de América Latina y el Caribe
Execonomista en jefe, Vicepresidencia de Crecimiento Equitativo,
Finanzas e Instituciones Banco Mundial

Reconocimientos

Este informe fue elaborado por el Bureaucracy Lab, una alianza entre la Práctica Global de Gobernanza del Banco Mundial y el Departamento de Evaluación de Impacto (DECDI). Se desarrolló en colaboración con el GGP, en particular con el Departamento de Gobernanza de la región de América Latina y el Caribe; la Unidad Global de Datos y Análisis de Instituciones Públicas; y la Unidad Global de Administración Pública. El informe fue financiado por la Oficina del Economista Jefe de América Latina y el Caribe, con el objetivo de evaluar y brindar orientación sobre cómo fortalecer el uso de la analítica en los Gobiernos de la región. Fue producida por un equipo principal formado por Chiara Casanova, Serena Cocciolo, Jorge de León Miranda, Galileu Kim, Timothy Lundy, Daniel Rogger, Flavia Sacco Capurro y Juan Francisco Santini. Nos gustaría agradecer a Anna Paula Matos, una exconsultora del Bureaucracy Lab, que contribuyó a la elaboración de este informe en sus primeras etapas.

El informe se elaboró bajo la dirección general de William F. Maloney (economista en jefe, ALC), Arianna Legovini (directora, DECDI), Arturo Herrera (director global, GGP), Oscar Calvo-González (director regional, ALC) y Chiara Bronchi (gerente de práctica, Unidad Global de Datos y Análisis de Instituciones Públicas de GGP). Agradecemos a Eric Arias (economista), Elizabeth Grandio (especialista sénior en adquisiciones), Zahid Hasnain (especialista principal en gobernanza), Silvana Kostenbaum (especialista sénior en sector público), Alberto Leyton (gerente de práctica, GGP), Bernard Myers (especialista sénior en sector público), Diana Parra Silva (especialista sénior en sector público), Francesca Recanatini (economista principal), Rubén Ruano Chinchilla (especialista sénior en sector público), Luciano Wuerzius (especialista sénior en adquisiciones), y a los equipos de Buen Gobierno y Adquisiciones de América Latina y el Caribe por su orientación y apoyo generales. Agradecemos a Cem Dener (especialista principal en sector público), Hunt La Cascia (especialista sénior en sector público), Hubert Nii-Aponsah (consultor) y al equipo de GovTech por su generosa orientación para estructurar el informe e implementar una encuesta regional sobre analítica gubernamental. También extendemos nuestro agradecimiento a los tres expertos evaluadores de la nota conceptual del informe — Adrian Fozzard (gerente de práctica), Sebastian Galiani (profesor de la Universidad de Maryland) y Daniel Ortega (especialista principal en gobernanza)— por sus esclarecedores comentarios y su valiosa orientación durante todo el período de redacción de este informe. Agradecemos a los tres expertos evaluadores de la versión final del informe —Cem Dener, Julia Michal Clark, y Daniel Ortega, por sus comentarios. Por último, quisiéramos agradecer a Mariano Lafuente, Carlos Pimenta, Alejandro Rasteletti y David Rivera, del Banco Interamericano de Desarrollo, por compartir su experiencia en el desarrollo de análisis en América Latina y el Caribe, así como a Charlotte van Ooijen y Luanna Roncaratti por compartir sus conocimientos especializados sobre gobierno digital.

Por último, quisiéramos agradecer a los funcionarios gubernamentales que colaboraron en el diseño y la elaboración de la evidencia presentada en este informe. Más de 100 funcionarios gubernamentales de 20 países coordinaron la realización de la encuesta regional sobre analítica gubernamental en América Latina y el Caribe, y sus contribuciones fueron esenciales para completar el informe. En particular, deseamos expresar nuestro agradecimiento a Charlene Laing (Bahamas), Nicola Callender (Barbados), María Pech y Alexia Peralta (Belice), Khantuta Muruchi y Francisco Belmonte (Bolivia), Ciro Avelino y Ronnie Dilli (Brasil), José Inostroza y Rafael Hernández (Chile), Manuela Serrano (Colombia), Erick Mora (Costa Rica), Jermaine Jean-Pierre (Dominica), Alejandra Pérez y Edwin Rodríguez (República Dominicana), Juan Yépez (Ecuador), Hugo Forkel y Daniel de León (Guatemala), Heidy Alachán (Honduras), Gary Campbell y Anika Shurrleworth (Jamaica), Evelyn Rodríguez (Panamá), Laura Salinas (Paraguay), Darwin Quispe (Perú), Caswallon Duncan (San Vicente y las Granadinas), Shelley-Ann Clarke y Natasha Ottley (Trinidad y Tabago), e Ignacio Velazco (Uruguay).

Sobre esta colección

Este informe forma parte de una colección del Banco Mundial en la que se examina cómo los análisis que utilizan microdatos gubernamentales están revolucionando la administración pública en todo el mundo. La recopilación se basa en *The Government Analytics Handbook* (2023) (Manual de Analítica Gubernamental), una guía integral sobre el uso de datos para comprender y mejorar el Gobierno. La colección incluye guías prácticas y recursos para los encargados de la formulación de políticas y los funcionarios públicos de todo el mundo que buscan mejorar el funcionamiento del Gobierno utilizando mejor sus datos administrativos y de encuestas. El Manual de Analítica Gubernamental y las herramientas asociadas, así como informes, datos y enfoques específicos de la región están destinados a profesionales que buscan una comprensión más profunda de la analítica gubernamental.

El principio general del *Manual* es el siguiente: los Gobiernos de todo el mundo toman miles de decisiones de gestión de personal, adquieren millones de bienes y servicios, y ejecutan miles de millones de procesos cada día. Poseen una gran riqueza de datos. Sin embargo, hasta la fecha existen pocas prácticas sistemáticas que aprovechen estos datos para lograr que las administraciones públicas funcionen mejor. Esto significa que los Gobiernos no están aprovechando los datos que les permitirán ahorrar miles de millones en gastos de adquisiciones, reclutar mejores talentos en el Gobierno e identificar las fuentes de corrupción, por nombrar solo algunas de las cosas.

Con el *Manual* se busca cambiar esta situación. Presenta evidencia de vanguardia y puntos de vista de profesionales sobre cómo aprovechar los datos para lograr que los Gobiernos funcionen mejor. Abarca una amplia gama de fuentes de microdatos —como datos administrativos y encuestas de funcionarios públicos— así como herramientas y recursos para llevar a cabo el análisis y transformar la capacidad de los Gobiernos de adoptar un enfoque basado en datos para diagnosticar y mejorar el funcionamiento de las organizaciones públicas.

A lo largo de este informe, se utilizarán estos globos para señalar los capítulos *del Government Analytics Handbook* donde puede obtener más información sobre cada tema que se analiza en el informe.

Acerca de los autores

Chiara Casanova es especialista en mercadeo y comunicaciones del Departamento de Impacto en el Desarrollo. Es una experimentada profesional de las comunicaciones estratégicas, especializada en proyectos de impacto social y desarrollo, con experiencia en asuntos públicos y comunicación corporativa. Su amplia experiencia se basa en el desarrollo e implementación de estrategias de comunicación integradas para clientes privados, sin fines de lucro y de desarrollo internacional. Tiene una maestría en Relaciones Públicas y Comunicaciones Corporativas de la Universidad de Georgetown.

Serena Cocciolo es economista de la Practica de Gobierno del Banco Mundial para Oriente Medio y Norte de África y miembro del Bureaucracy Lab. Su trabajo se ha enfocado en el fortalecimiento de la administración pública, las adquisiciones públicas, las instituciones y la gobernanza. Se incorporó al Banco Mundial después de completar su tesis sobre la participación comunitaria en proyectos de desarrollo y aplicaciones sobre el terreno en los sectores del agua y la educación. Tiene un doctorado en Economía de la Universidad de Estocolmo.

Jorge de León Miranda es un profesional de investigación y gestión de proyectos con más de 10 años de experiencia en el ámbito del desarrollo internacional, centrado en la gestión del sector público, la gestión de las finanzas públicas, la política fiscal, la macroeconomía y la educación. Sus proyectos han abarcado varios países de América Latina y el Caribe, África, Oriente Medio y Asia central. También ha ocupado cargos en Ernst and Young, el Banco Interamericano de Desarrollo, el Fondo Monetario Internacional y el Ministerio de Economía de Guatemala. Tiene una maestría en Economía y Finanzas Internacionales de la Escuela de Estudios Internacionales Avanzados de la Universidad Johns Hopkins.

Galileu Kim es especialista en sector público de la Unidad Global de Datos y Análisis de Instituciones Públicas de la Práctica Global de Gobernanza del Banco Mundial. Su trabajo se centra en cómo los Gobiernos pueden aprovechar los datos y la analítica para mejorar la administración pública, con un enfoque metodológico en los datos administrativos a gran escala. Es miembro del Bureaucracy Lab y ex investigador del Departamento de Impacto en el Desarrollo del Banco Mundial. Es investigador de la Escuela Nacional de Administración de Brasil. Tiene un doctorado en Ciencias Políticas de la Universidad de Princeton.

Timothy Lundy es editor y consultor de redacción en el Departamento de Impacto en el Desarrollo del Banco Mundial. Tiene un doctorado en Literatura Inglesa y Comparada de la Universidad de Columbia.

Daniel Rogger es economista sénior en el Departamento de Impacto en el Desarrollo del Banco Mundial. Dirige la Unidad de Gobierno y Fortalecimiento Institucional y codirige el Bureaucracy Lab, una iniciativa de colaboración entre el grupo y la Práctica Global de Gobernanza que tiene por objeto conectar la investigación y las políticas para fortalecer la administración pública. Su investigación se centra en la organización de la prestación de bienes públicos. Es cofundador de la base de datos Worldwide Bureaucracy Indicators, de la Encuesta Mundial de Funcionarios Públicos, y de las iniciativas de Microdatos y Evidencias para la Acción Gubernamental. Fue becario de doctorado en el Instituto de Estudios Fiscales, donde actualmente es investigador internacional. Tiene un doctorado en Economía de la University College de Londres.

Flavia Sacco Capurro es coordinadora de datos en el Departamento de Impacto en el Desarrollo o del Banco Mundial y trabaja en temas relacionados con el empleo y las reformas del sector público, el analítica gubernamental y temas de género en el sector público. Antes de unirse al grupo, fue consultora de la Práctica Global de Reducción de la Pobreza y Promoción de la Equidad en la región de América Latina y el Caribe, donde participó en proyectos relacionados con el análisis de la pobreza, la desigualdad, el género, el desarrollo social y la política fiscal. Anteriormente, trabajó para el Gobierno de Paraguay en el Ministerio de Planificación Económica y Social. Tiene una maestría en Políticas Públicas de la Universidad de Chicago.

Juan Francisco Santini es investigador del Departamento de Impacto en el Desarrollo del Banco Mundial, miembro del Bureaucracy Lab del Banco Mundial e investigador visitante de la Escuela Nacional de Administración Pública de Brasil. Antes de incorporarse al Banco Mundial, fue investigador de Innovación para la Acción contra la Pobreza y trabajó para el Banco Interamericano de Desarrollo, entre otras instituciones. Sus intereses de investigación y políticas se centran en la economía del desarrollo, en particular su intersección con la economía pública y la gestión pública. Tiene un doctorado en Economía de la Pontificia Universidad Católica de Río de Janeiro, Brasil.

Mensajes principales

Los Gobiernos de América Latina y el Caribe enfrentan desafíos de desarrollo complejos, desde la desaceleración del crecimiento económico y altos niveles de inflación hasta persistentes debilidades institucionales del sector público. Fortalecer el funcionamiento del Gobierno para responder con eficacia a estos desafíos requiere una comprensión detallada de qué está fallando y dónde. Se requieren diagnósticos basados en información detallada y en tiempo real y servidores públicos capaces para tomar medidas.

Los Gobiernos ya cuentan con los datos que necesitan para hacerle frente a los desafíos que se les presentan. Estos han estado produciendo y recopilando datos con gran detalle durante muchos años, pero necesitan ser capaces de analizar estos datos, que recopilan en el curso de sus operaciones diarias, para orientar las decisiones gerenciales en todas las funciones gubernamentales. Por ejemplo, los datos sobre las prácticas de reclutamiento pueden orientar las decisiones relacionadas a la gestión de recursos humanos, los datos sobre los retrasos en los pagos pueden mejorar los procesos de adquisiciones, y los datos sobre el cumplimiento de los contribuyentes pueden ayudar a diseñar mejores instrumentos fiscales. Al no aprovechar los datos que hoy se recopilan en los sistemas de información dede toda la región, los Gobiernos están dejando grandes cantidades de dinero sobre la mesa y disminuyendo el impacto en el bienestar de los ciudadanos.

Datos para una mejor gobernanza: Creación de ecosistemas analíticos gubernamentales en América Latina y el Caribe proporciona un marco conceptual y evidencia empírica para evaluar cómo los Gobiernos utilizan los datos administrativos para mejorar el funcionamiento del Estado, y destaca las oportunidades de mejora. Los Gobiernos de América Latina y el Caribe son líderes mundiales en la digitalización de la labor gubernamental, pero no utilizan sistemáticamente los datos que han recopilado para diagnosticar y mejorar su funcionamiento. Esto representa una oportunidad perdida.

En este informe se le ofrece a los Gobiernos de esta región y de otras regiones una hoja de ruta para *la analítica gubernamental,* en la que se reorientan los datos gubernamentales con el fin de mejorar la eficiencia y la eficacia de cada aspecto del funcionamiento del Gobierno. En él se identifican las condiciones fundamentales que propician la analítica gubernamental —infraestructura de datos y capacidades analíticas— y se ofrecen estrategias para fortalecerlas. El informe se basa en datos de una encuesta realizada a funcionarios de gobierno de 20 países de América Latina y el Caribe que son expertos en las funciones gubernamentales básicas y en los sistemas de información de gestión respectivos, así como 12 estudios de casos de iniciativas analíticas, para presentar las siguientes conclusiones y recomendaciones clave.

AMPLIAR EL USO DE LA ANALÍTICA GUBERNAMENTAL EN AMÉRICA LATINA Y EL CARIBE

El uso de la analítica en América Latina y el Caribe varía según las funciones gubernamentales y las áreas de gobierno. Los diferentes sistemas y prácticas utilizados en los países son muy heterogéneos. Esto sugiere que los Gobiernos carecen de un enfoque sistemático de analítica para toda la administración pública. Lo que también representa una oportunidad para el enriquecimiento mutuo, permitiendo a los países compartir sus experiencias y adoptar prácticas exitosas que han sido probadas por sus pares.

Los Gobiernos de la región pueden utilizar más ampliamente la analítica avanzada para abordar los desafíos complejos del desarrollo. Los Gobiernos utilizan sus datos administrativos principalmente para producir análisis descriptivos con fines operativos y transaccionales, pero pierden la oportunidad de utilizar análisis avanzados para mejorar la toma de decisiones, diseñar políticas públicas más eficaces y eficientes, y fortalecer el funcionamiento del sector público y la prestación de servicios.

El impacto de la analítica gubernamental ya se está sintiendo en la región. Por ejemplo, Ecuador y Perú han recaudado millones de dólares en ingresos tributarios adicionales mediante el análisis de datos transaccionales para detectar la evasión de impuestos y asignar mejor los recursos para la aplicación de la ley. Guatemala ha mejorado los servicios educativos mediante el análisis de datos de los estudiantes para identificar y apoyar a los estudiantes en riesgo de abandono, reduciendo las tasas de deserción escolar en un 9 % en un momento crucial del ciclo educativo. Estos ejemplos demuestran que los Gobiernos pueden utilizar la analítica para mejorar muchos aspectos de sus operaciones y aprovechar la gran cantidad de datos contenidos en sus sistemas de información de gestión.

CREACIÓN DE CONDICIONES PROPICIAS PARA LA ANALÍTICA GUBERNAMENTAL

Los Gobiernos deben completar la digitalización de sus sistemas de información de gestión. Dos tercios de los expertos encuestados informaron que sus sistemas no están totalmente digitalizados. Los niveles de digitalización varían considerablemente según la función gubernamental: los sistemas de información de gestión de impuestos y de finanzas publicas muestran un grado relativamente alto de digitalización, mientras que los sistemas de información de gestión de salud muestran el grado mas bajo de digitalización La digitalización incompleta genera problemas en la infraestructura de datos que impiden a los Gobiernos aprovechar plenamente sus datos administrativos para mejorar el diseño y la implementación de políticas.

Los datos integrados y de alta calidad son esenciales para la analítica, pero la fragmentación de los datos y los sistemas de información aislados limitan el proceso de digitalización. La infraestructura de datos obsoleta o inadecuada limita la calidad y accesibilidad de los datos administrativos, por lo que a las organizaciones les resulta difícil utilizarlos para el análisis y la formulación de políticas. Cuando los sistemas de información de gestión están fragmentados, varios subsistemas funcionan de manera independiente, lo que hace prácticamente imposible crear un sistema centralizado y totalmente digitalizado. En consecuencia, el intercambio de datos y la interoperabilidad entre los diferentes sistemas se restringen, la calidad de los datos disponibles para el análisis se ve comprometida y los datos disponibles no siempre se alinean con las prioridades estratégicas y las necesidades de las políticas.

Los sistemas de información necesitan mecanismos que garanticen la calidad de los datos que contienen. Según el Índice de Madurez de GovTech del Banco Mundial, solo el 25 % de los países de América Latina y el Caribe ha implementado un marco de calidad de datos, lo cual está por debajo de la tasa de implementación en otras regiones. Cuando los controles de calidad de los datos no están integrados en un sistema de información, cada equipo que utiliza los datos del sistema debe llevar a cabo su propio proceso de control de calidad, lo que da lugar a ineficiencias. Además, la falta de controles sistemáticos puede socavar la precisión, la confiabilidad y la posibilidad de repetir los análisis.

Mejorar el acceso a los datos y la interoperabilidad de los sistemas debería ser un esfuerzo de todo el Gobierno. Según el Índice de Madurez de GovTech, menos del 35 % de los países de América Latina y el Caribe ha implementado un marco de interoperabilidad gubernamental que permita el intercambio eficiente y seguro de información entre los sistemas y las organizaciones gubernamentales. El intercambio de información propicia aplicaciones de analítica innovadoras: Brasil ha reutilizado los datos fiscales para aumentar la eficiencia de las adquisiciones, reduciendo los precios de compra en alrededor de un 13 %. Si los Gobiernos establecen la infraestructura básica para la interoperabilidad, pueden mejorar enormemente su potencial para utilizar los datos para el análisis y la formulación de políticas.

Los sistemas de datos no son suficientes; la administración pública también debe cambiar. **Los Gobiernos pueden sistematizar el uso de la analítica en la toma de decisiones incorporando unidades de análisis específicas en la estructura organizativa de la administración pública.** En Colombia, por ejemplo, gracias a su modelo organizativo centralizado, una unidad de análisis específica ha contribuido a mejorar la calidad de vida, a compartir información y a prestar servicios públicos para toda la ciudad de Bogotá. Por otro lado, confiar en equipos de tiempo parcial para las tareas analíticas puede conducir a resultados insuficientes, ya que estos equipos podrían priorizar las necesidades operativas inmediatas por sobre los objetivos analíticos más amplios.

INTEGRACIÓN DEL ANÁLISIS DE DATOS EN LOS PROCESOS DE TOMA DE DECISIONES

La analítica es una herramienta, no un sustituto de los responsables de la toma de decisiones ni de la experiencia. La analítica no puede sustituir a los responsables de la toma de decisiones, diseñar intervenciones ni reemplazar el conocimiento y la experiencia de los funcionarios públicos. Sin embargo, es fundamental que los funcionarios tengan la capacidad de utilizar la evidencia que proporciona la analítica para guiar decisiones clave, identificar brechas y debilidades, y perfeccionar el diseño y la implementación de las políticas públicas. En América Latina y el Caribe, la capacitación para apoyar a los responsables de la toma de decisiones y a los analistas de datos en el uso de la analítica gubernamental es débil y fragmentada. Esto puede mejorar rápidamente.

Los Gobiernos de la región necesitan esfuerzos más estructurados para atraer y retener analistas de datos capacitados en todos los niveles jerárquicos. Ofrecer carreras profesionales a los analistas de datos es fundamental para construir un ecosistema de analítica gubernamental sólido. Los Gobiernos de la región enfrentan una escasez sistemática de oportunidades de desarrollo profesional en el área de la analítica: solo el 12 % de los Gobiernos cuenta con una carrera dedicada al análisis de datos.

Por último, los Gobiernos deben fomentar una cultura de toma de decisiones basada en evidencia, lo cual resulta esencial para utilizar la analítica gubernamental con el fin de transformar la administración pública. La analítica genera más impacto cuando los responsables por la toma de decisiones solicitan la evidencia que necesitan y la utilizan para formular políticas y orientar decisiones críticas. Los Gobiernos de la región necesitan una cultura más profunda de toma de decisiones basadas en evidencia. El intercambio de conocimientos sobre las mejores prácticas y las experiencias exitosas puede aumentar la conciencia de los responsables por la toma de decisiones sobre los beneficios de basar las decisiones de política en datos y evidencia. Mejorar los conocimientos y la capacidad de los responsables de tomar decisiones para comprender los resultados del análisis de datos (e identificar sus limitaciones) es fundamental para integrar eficazmente las observaciones analíticas en los procesos de toma de decisiones.

América Latina y el Caribe —y el resto del mundo—ya cuentan con los datos que necesitan para mejorar su gobierno. El momento de usarlos es ahora.

Resumen

INTRODUCCIÓN

Los Gobiernos de América Latina y el Caribe enfrentan desafíos de desarrollo complejos. La región corre un riesgo considerable debido a la desaceleración del crecimiento económico, la inflación y las presiones fiscales, y su sector público se ve limitado por las deficiencias institucionales, como la ineficiencia del gasto público y la prestación de servicios. Las funciones básicas del gobierno, incluyendo la gestión de los recursos humanos y la gestión de las finanzas públicas, requieren mejoras considerables en su eficacia y eficiencia. Para fortalecer el funcionamiento del Gobierno se requieren diagnósticos prácticos, basados en información detallada y en tiempo real: por ejemplo, datos sobre prácticas de contratación para orientar las decisiones sobre la gestión de los recursos humanos, datos sobre demoras en los pagos para mejorar los procesos de contrataciones públicas y datos sobre el cumplimiento de los contribuyentes para mejorar los instrumentos tributarios. Los Gobiernos pueden utilizar los datos administrativos que son específicos de las funciones gubernamentales para orientar las decisiones de gestión dirigidas a mejorar dichas funciones.

Los Gobiernos de América Latina y el Caribe están bien posicionados para aprovechar los datos para mejorar el gobierno. La región ha sido pionera a nivel mundial en el establecimiento de sistemas de información de gestión: sistemas especializados que recopilan datos administrativos sobre funciones específicas del Gobierno, como recursos humanos, contrataciones públicas, prestación de servicios, impuestos, etc. Estos sistemas de información recopilan datos pormenorizados en tiempo real sobre las funciones centrales del Gobierno, y estos datos pueden servir como una gran fuente de información sobre los desafíos y las oportunidades en estas funciones. Sin embargo, los datos administrativos registrados en estos sistemas de información suelen estar subutilizados debido a su inadecuada calidad y accesibilidad a los mismos, así como

---

Un paquete reproducible está disponible para este libro en el Repositorio de Investigación Reproducible en https://reproducibility.worldbank.org/index.php/catalog/209.

a las limitadas capacidades analíticas de los Gobiernos. Al abordar estas limitaciones, los Gobiernos pueden utilizar los datos administrativos para mejorar la eficiencia y la eficacia de cada aspecto del funcionamiento del Gobierno.

ESTE INFORME

En este informe se describe cómo los Gobiernos de América Latina y el Caribe pueden facilitar el uso de sus datos administrativos para fortalecer el funcionamiento del Gobierno, una práctica que en el informe se denomina *analítica gubernamental*. El mismo proporciona un marco conceptual que los Gobiernos pueden utilizar para evaluar cómo emplean los datos administrativos para realizar análisis e identificar áreas de mejora. El marco conceptual se puede aplicar a diferentes sistemas de información y sus correspondientes funciones (por ejemplo, servicios de educación y salud, contrataciones públicas e impuestos), y proporciona información detallada y recomendaciones para mejorar el uso de los datos en cada función básica. Por ejemplo, un Gobierno puede utilizar sus datos fiscales en todo su potencial analítico mientras subutiliza los datos de recursos humanos para la gestión del personal.

En el informe se sostiene que los Gobiernos pueden aprovechar mejor sus datos para mejorar su funcionamiento centrándose en las condiciones propicias para la analítica: infraestructura de datos y capacidades analíticas. Para cada tipo de sistema de información, los Gobiernos deben crear una infraestructura de datos que garantice que los datos sean precisos, tengan una amplia cobertura y sean accesibles. En general, los Gobiernos pueden fortalecer sus capacidades analíticas mediante la creación de unidades analíticas específicas y una carrera profesional para analistas de datos. La analítica gubernamental y sus condiciones forman parte de un ecosistema: al mejorar las condiciones propicias para la analítica, los Gobiernos crean un entorno en el que los datos administrativos se pueden utilizer para fortalecer su funcionamiento, mejorando así la eficacia y la eficiencia en la gestión de los recursos humanos, las contrataciones públicas, los impuestos, etc.

Guiado por el marco conceptual, el informe proporciona evidencia sobre el panorama de la analítica gubernamental en América Latina y el Caribe. En primer lugar, se presentan 12 estudios de casos que documentan cómo los Gobiernos de la región han aprovechado sus datos administrativos para mejorar aspectos específicos del funcionamiento del Gobierno. Estos estudios de casos abarcan un amplio conjunto de países, sistemas de información y funciones gubernamentales, y resaltan el valor y el impacto significativo de la analítica gubernamental. Por ejemplo, Ecuador y Perú han recaudado millones de dólares en ingresos tributarios adicionales mediante el análisis de datos fiscales para detectar la evasión y asignar mejor los recursos para la aplicación de la ley. Guatemala ha mejorado los servicios educativos, reduciendo las tasas de deserción escolar mediante el análisis de datos educativos para identificar y apoyar a los estudiantes en riesgo de abandono. Los estudios de casos muestran que los Gobiernos pueden utilizar la analítica para mejorar distintas dimensiones de su funcionamiento, aprovechando la riqueza de los datos administrativos.

A continuación, se presentan los datos cuantitativos de una encuesta original realizada a funcionarios de gobierno en 20 países y en seis tipos de sistemas de información, y se presenta el primer panorama completo de analítica gubernamental y sus condiciones propicias en América Latina y el Caribe. En cada país, los cuestionarios de la encuesta fueron respondidos por funcionarios de instituciones responsables de la gestión de los diferentes sistemas de información. Los encuestados evaluaron la medida en que las instituciones con funciones centrales del Gobierno utilizan los datos administrativos para mejorar su funcionamiento. La encuesta regional revela una variación significativa en el uso de la analítica gubernamental, el estado de la infraestructura de datos y la solidez de las capacidades analíticas de los distintos Gobiernos y sus principales funciones.

Los Gobiernos de América Latina y el Caribe utilizan predominantemente la analítica descriptiva. El uso de la analítica predictiva es desigual y se concentra principalmente en los sistemas de impuestos y de prestación de servicios en educación y salud. Estos tipos de análisis no son utilizados para funciones gubernamentales transversales, como la gestión de recursos humanos, las contrataciones públicas y la gestión de las finanzas públicas. En otras palabras, los Gobiernos de la región utilizan principalmente la analítica para reforzar el lado de los ingresos de sus operaciones (por ejemplo, los impuestos) en lugar del lado de los gastos (por ejemplo, las contrataciones públicas). En los distintos sistemas de información, los Gobiernos aplican el análisis principalmente para dar seguimiento y evaluar progresos, con menos atención a la evaluación y al diseño de políticas. Esto significa que los Gobiernos no utilizan sus datos administrativos de forma suficiente para realizar tipos de análisis más complejos que podrían ayudarlos a diagnosticar y abordar las causas de las ineficiencias. Al ampliar el uso de diferentes tipos de analítica en todas sus funciones, los Gobiernos pueden mejorar la eficiencia y la eficacia de la administración pública en términos más generales.

La encuesta también revela oportunidades de reforma institucional. Algunos sistemas de información de la región están digitalizados solo parcialmente, lo que limita la calidad y la integridad de los datos administrativos que generan. Por ejemplo, los sistemas de información de salud rara vez están totalmente digitalizados debido al uso de registros en papel. Los sistemas de información también muestran deficiencias significativas en el acceso a los datos. En educación, salud y gestión de las finanzas públicas, el acceso a los datos se ve restringido por la falta de protocolos de acceso formales. Además, si bien los controles de calidad de los datos son generalizados en los sistemas educativos e impositivos, los sistemas de contrataciones públicas, los de gestión de finanzas públicas y los sistemas de información de salud están rezagados. La interoperabilidad entre sistemas de información y el intercambio de datos entre organizaciones gubernamentales son igualmente limitados. La encuesta también subraya los desafíos que enfrentan los Gobiernos para desarrollar sus capacidades analíticas. Muchos de ellos carecen de una trayectoria profesional estructurada para los analistas de datos, de capacitación específica en habilidades analíticas y de financiamiento suficiente para los proyectos analíticos. Estos impedimentos limitan la capacidad de los Gobiernos para ampliar el uso de los datos y mejorar su funcionamiento.

Por último, a partir de la encuesta y los estudios de casos, y guiado por el marco conceptual, en el informe se presentan una serie de recomendaciones de políticas. En primer lugar, los Gobiernos deben identificar las deficiencias de evidencia para la formulación de políticas y crear conciencia sobre cómo los datos administrativos podrían ayudar a llenar estas brechas, impulsando la demanda de analítica gubernamental. Estos deben apuntar a fortalecer el uso de la analítica descriptiva y avanzar hacia aplicaciones de diagnóstico y analítica predictiva para orientar la evaluación y el diseño de políticas. Los Gobiernos también deben invertir más en las condiciones propicias para la analítica gubernamental. Para desarrollar las capacidades analíticas, los Gobiernos deben elaborar programas específicos de capacitación en el área del análisis de datos y establecer vías institucionales para aplicar las habilidades analíticas. Esto puede lograrse mediante el establecimiento de trayectorias profesionales para los analistas, la creación de unidades específicas de análisis, la asignación de un presupuesto estable para productos analíticos y de capacitación, y el fomento de la colaboración con socios académicos. Para fortalecer la infraestructura de datos, los Gobiernos deben establecer controles sistemáticos de calidad de los datos, desarrollar inventarios de datos completos y accesibles, mejorar la conectividad de los datos y la interoperabilidad de los sistemas de información, y establecer protocolos para mantener y actualizar sus sistemas de gobierno electrónico.

Este informe forma parte de una serie de publicaciones del Banco Mundial centradas en la analítica gubernamental, incluyendo *The Government Analytics Handbook* (Rogger y Schuster, 2023). El mismo se diseñó como una guía para los responsables de la formulación de políticas y los funcionarios públicos de alto rango que desean mejorar el funcionamiento del Gobierno utilizando sus datos administrativos en todo su potencial. Por lo tanto, el informe no abarca de manera exhaustiva los detalles técnicos de la implementación, pero proporciona referencias adicionales para los profesionales que buscan comprender mejor los requisitos técnicos para la analítica gubernamental. Utilizando el marco conceptual y la encuesta de este informe como punto de partida, los Gobiernos pueden evaluar el uso que hacen de los análisis de gobierno y asignar niveles prioritarios a las medidas para construir una administración pública más eficiente y eficaz.

REFERENCIA

Rogger, Daniel y Christian Schuster (editores) (2023), *The Government Analytics Handbook: Leveraging Data to Strengthen Public Administration, Manual de análisis gubernamental.* Banco Mundial, Washington, DC. https://doi.org/10.1596/978-1-4648-1957-5.

Abreviaturas

COVID-19	Enfermedad por coronavirus 2019
CV	Currículum vitae
DECDI	Departamento de Impacto en el Desarrollo [unidad organizativa del Banco Mundial]
DNCP	Dirección Nacional de Contrataciones Públicas [Paraguay]
ENTRE	Estrategia Nacional para la Transición Exitosa [Guatemala]
FONACIDE	Fondo Nacional de Inversión Pública y Desarrollo [Paraguay]
GDP	producto interno bruto
GGP	Práctica Global de Gobernanza [Departamento del Banco Mundial]
GRAS	Sistema de Evaluación de Riesgos en materia de Gobernanza
IVA	Impuesto al Valor Agregado
MINEDUC	Ministerio de Educación [Guatemala]
MINSAL	Ministerio de Salud [Chile]
NSO	Oficina nacional de estadística
ONSC	Oficina Nacional del Servicio Civil [Uruguay]
SIG	Sistema de información de gestión
SIG de Educación	Sistema de información de gestión educativa
SIG de Gestión de Salud	Sistema de información de gestión de salud
SIG de impuestos	Sistema de información de gestión de impuestos
SIG de Recursos Humanos	Sistema de información de gestión de recursos humanos
SIHRS ALC	Región de América Latina y el Caribe [Departamento del Banco Mundial]
SEFAZ/RS	Secretaria da Fazenda do Estado do Rio Grande do Sul (Secretaría de Finanzas del Estado de Rio Grande do Sul) [Brasil]
Sig DE Finanzas Públicas	Sistema de información de gestión de las finanzas públicas
SRI	Servicio de Rentas Internas [Ecuador]
SUNAT	Superintendencia Nacional de Aduanas y de Administración Tributaria [Perú]
UCD	Unidad de Científicos de Datos [Colombia]

Todos los montos expresados en dólares corresponden a dólares estadounidenses, salvo que se especifique lo contrario.

CAPÍTULO 1

El caso de la Analítica Gubernamental en América Latina y el Caribe

INTRODUCCIÓN

Los países de América Latina y el Caribe enfrentan desafíos en diferentes áreas, por lo que se requieren Gobiernos más eficientes y receptivos que generen confianza entre los ciudadanos.

Los Gobiernos de la región enfrentan restricciones para realizar las inversiones necesarias como resultado del aumento de los déficits y la deuda derivados de la pandemia de COVID-19, lo que señala la necesidad de que estos Gobiernos se vuelvan más eficaces y eficientes (FMI, 2021; Maloney y otros, 2024). Que ya han demostrado que pueden lograrlo: por ejemplo, con respecto a hace 30 años, el aumento en la profesionalización y eficiencia de los ministerios de finanzas y los bancos centrales ha consolidado la reputación global de la región en cuanto a estabilidad macroeconómica. Otras funciones esenciales del gobierno deben seguir el mismo camino. Las estimaciones señalan que aproximadamente el 4 por ciento del PIB, o el 17 por ciento del gasto público total, se desperdicia debido a prácticas inadecuadas de contratación pública, transferencias mal orientadas y una gestión de recursos humanos deficiente (Izquierdo, Pessino y Vuletin 2018; Banco Mundial, 2022b). En algunos países de la región, el desperdicio estimado es aún mayor.

El malestar social más reciente en la región también revela un profundo descontento popular con el desempeño del Estado, en áreas que van desde las pensiones hasta la educación y las políticas de lucha contra la pobreza. La desconfianza de los ciudadanos en el Gobierno y las instituciones públicas, así como su percepción de corrupción arraigada en el Estado, los hace reacios a votar a favor de grandes proyectos de infraestructura o contribuir con impuestos. Las dudas acerca de las opciones que

Un paquete de reproducibilidad está disponible para este libro en el Repositorio de Investigación Reproducible en https://reproducibility.worldbank.org/index.php/catalog/209.

ofrecen las instituciones gubernamentales llevan a muchos pequeños empresarios a permanecer sin registro e informales. Los ciudadanos de América Latina y el Caribe no solo tienen una baja "moral fiscal": tienen poca fe en la gobernanza en general (Keefer y Scartascini, 2022).

Estas demandas por una gobernanza eficaz solo se volverán más urgentes. Para adaptarse al cambio climático y aprovechar las oportunidades que ofrece la transición verde y el reajuste de la economía global tras la pandemia de COVID-19, los Gobiernos deben ser capaces de movilizar más recursos, planificar estratégicamente e implementar planes de manera eficiente. Las exigencias por un Estado más activo, uno que estimule la innovación y acompañe los procesos de cambio estructural, han surgido después de las decepcionantes tasas de crecimiento de las últimas dos décadas, que han puesto en tela de juicio los principios del modelo de crecimiento neoliberal (véase, por ejemplo, Hausmann y Rodrik 2006; Mazzucato y Rodrik, 2023). Sin embargo, muchos países han optado por minimizar la intervención del Estado en la economía, debido al bajo rendimiento que históricamente ha mostrado en el diseño e implementación de políticas industriales. Sin mejoras en la capacidad estatal, el monitoreo y la transparencia, los gobiernos que se embarquen en una nueva etapa de políticas experimentales corren el riesgo de volver a enfrentar resultados decepcionantes.

Por lo tanto, es fundamental que los Gobiernos de América Latina y el Caribe mejoren sus funciones básicas, como la gestión de los recursos humanos, las contrataciones públicas, los impuestos y la gestión de las finanzas públicas, entre otras. Para mejorar las perspectivas de desarrollo de la región es fundamental incorporar mejoras de amplia base en el funcionamiento del gobierno, por lo que deben ocupar un lugar prioritario en los programas de políticas nacionales. Con el fin de proporcionar herramientas normativas y apoyo a estas agendas, el Banco Mundial elaboró *The Government Analytics Handbook (Manual de analítica gubernamental)* (Rogger y Schuster, 2023), que reúne evidencia académica y normativa de vanguardia sobre el uso del análisis de datos para medir el desempeño de los Gobiernos y sobre el diseño de políticas para mejorarlo (recuadro 1.1). Una de las enseñanzas que se desprenden de este informe es que, si bien los avances en algunas áreas seguirán siendo difíciles, también se conseguirán logros relativamente rápidos. Por ejemplo, mejorar el desempeño de los funcionarios de contrataciones públicas con peor desempeño podría reducir los gastos anuales de adquisiciones de un Gobierno en un 12 % (Best, Hjort y Szakonyi, 2023).

Este informe tiene como objetivo proporcionar una hoja de ruta para que los Gobiernos de América Latina y el Caribe puedan llevar estas herramientas a la primera línea de la formulación de políticas y utilizarlas para mejorar su funcionamiento. Los Gobiernos de la región están bien posicionados para utilizar los datos con el fin de mejorar sus funciones básicas, gracias a las sucesivas inversiones en tecnologías que son fundamentales para la analítica. La región ha sido pionera a nivel mundial en el establecimiento de sistemas de información de gestión (SIG), que registran y almacenan grandes cantidades de datos sobre aspectos específicos del funcionamiento del gobierno —como los impuestos, las finanzas públicas y la gestión de los recursos humanos—y los ponen a disposición de los interesados. Estos datos administrativos constituyen grandes reservas de datos e información subutilizadas. Mediante el análisis de estos datos, los Gobiernos pueden evaluar la eficacia y la eficiencia de la administración pública y comprender en qué aspectos pueden fortalecerse. Sin embargo, debido a las deficiencias de sus complementos analógicos (por ejemplo, los analistas de datos y los protocolos de acceso a los datos), estos datos rara vez se utilizan para la formulación de políticas basadas en evidencia (Banco Mundial, 2016, 2023). Esto significa que los Gobiernos de América Latina y el Caribe pueden hacer mucho más con los datos que ya tienen para mejorar su funcionamiento, abordar los desafíos de desarrollo y generar la confianza de los ciudadanos.

Recuadro 1.1 *The Government Analytics Handbook*

Este informe se basa en The Government Analytics Handbook (Rogger y Schuster, 2023), una guía completa sobre el uso de los datos gubernamentales para fortalecer la administración pública. Los Gobiernos de todo el mundo toman miles de decisiones de gestión de personal, adquieren millones de bienes y servicios, y ejecutan miles de millones de procesos cada día. Cuando estas funciones se registran en los sistemas de información de gestión, los Gobiernos cuentan con una gran riqueza de datos. Sin embargo, el uso sistemático de los datos obtenidos para fortalecer la administración pública es limitado. Esto significa que los Gobiernos están perdiendo la oportunidad de ahorrar dinero en los gastos de adquisiciones, reclutar mejores talentos para el Gobierno e identificar las fuentes de corrupción.

El manual proporciona orientaciones exhaustivas para ayudar a los Gobiernos a desarrollar un enfoque de analítica gubernamental basado en datos. Reúne evidencias e ideas de varios paises y profesionales en un recurso único que abarca una variedad de temas, como el diseño de encuestas, el uso estratégico de los datos sobre la gestión de recursos humanos y las consideraciones éticas para el uso de los datos. También proporciona una variedad de fuentes de datos, incluidos distintos tipos de datos administrativos y de encuestas. De esta manera, en el manual se presentan evidencias de vanguardia e ideas de profesionales sobre cómo aprovechar los datos para lograr que los Gobiernos funcionen mejor.

En este informe se aplican las lecciones del Manual para América Latina y el Caribe y se toman como base ejemplos pertinentes de la región para ayudar a los encargados de formular políticas y a los altos funcionarios públicos a utilizar la analítica gubernamental para mejorar la eficacia y la eficiencia de sus administraciones públicas. Se centra en los datos administrativos, dado que la mayoría de las organizaciones gubernamentales tienen acceso a ellos a bajo costo (véase el recuadro 1.2).

Muchos Gobiernos de la región ya están aprovechando la oportunidad de utilizar sus datos administrativos para orientar el proceso de formulación de políticas. Por ejemplo, el Gobierno de un estado brasileño ha reducido los precios de las contrataciones públicas en un 13 % utilizando datos fiscales para calcular los precios de referencia del mercado para los agentes de compras. Chile ha ahorrado cientos de millones de dólares utilizando datos de salud para diseñar un programa destinado a reducir la pérdida de citas médicas y mejorar los comportamientos de salud entre los pacientes con afecciones crónicas, y Colombia ha salvado la vida de miles de recién nacidos y mujeres embarazadas mediante un sistema de seguimiento de los riesgos para la salud. Ecuador y Perú han recaudado millones de dólares en ingresos tributarios adicionales mediante el uso de datos fiscales para detectar la evasión y asignar mejor los recursos para la aplicación de la ley. Y Guatemala ha reducido en un 9 % la tasa de deserción escolar de los estudiantes que ingresan al primer ciclo de la secundaria utilizando datos educativos para identificar y apoyar a los estudiantes en riesgo. A través de estas iniciativas analíticas, los Gobiernos han aprovechado los datos administrativos que ya tienen para mejorar el diseño de las políticas, mejorar la prestación de servicios y reducir la ineficiencia y el desperdicio.[1] El objetivo de este informe es respaldar iniciativas como estas ofreciendo orientación sobre cómo crear y mantener un ecosistema de analítica gubernamental sólido que facilite el uso de los datos para mejorar el funcionamiento de la administración pública.

MENSAJES PRINCIPALES

El primer mensaje clave de este informe es que los Gobiernos de América Latina y el Caribe pueden mejorar el diseño y la implementación de sus políticas utilizando la analítica gubernamental de manera más amplia e intensiva que en la actualidad. El uso que hacen los Gobiernos de los datos administrativos para realizar análisis varía según las diferentes funciones y áreas de gobierno. En el informe se muestra que el lado de ingresos de las operaciones gubernamentales a menudo hace un uso más amplio de los datos para fundamentar sus acciones. Por ejemplo, los Gobiernos de la región suelen utilizar análisis avanzados de datos fiscales para mejorar el cumplimiento de las obligaciones tributarias. Por el lado del gasto, por ejemplo, en la gestión de los recursos humanos y las contrataciones públicas, hay un margen significativo para crecer. Por ejemplo, los Gobiernos de la región se basan principalmente en análisis descriptivos del recuento de personal para gestionar a los empleados públicos, y rara vez utilizan análisis avanzados para pronosticar la masa salarial de la administración pública o para mejorar la eficiencia de las contrataciones públicas y garantizar precios competitivos. Del mismo modo, existen importantes oportunidades para desarrollar el uso de la analítica avanzada en la prestación de servicios básicos, por ejemplo, para pronosticar la matriculación de estudiantes.

El segundo mensaje clave es que los Gobiernos deben fomentar dos condiciones esenciales para que sus datos administrativos sean útiles para la formulación de políticas. El primero es contar con una infraestructura de datos integrada, accesible y de alta calidad. La mejora de la calidad, los controles y la accesibilidad de los datos debe ser un esfuerzo de todo el Gobierno que permita lograr economías de escala. Del mismo modo, garantizar que los diferentes sistemas de información de gestión sean interoperables y conecten sus datos puede multiplicar las perspectivas y potenciales aplicaciones de la analítica gubernamental. La segunda se refiere a las capacidades analíticas, como las oportunidades de financiamiento, las unidades analíticas especializadas y las trayectorias profesionales para los analistas de datos. Las estrategias a nivel de todo el Gobierno y las fuentes de financiamiento institucionalizadas permiten un enfoque más armonizado y coherente para desarrollar iniciativas analíticas, lo que puede facilitar el intercambio de ideas, el aprendizaje y la colaboración entre las organizaciones gubernamentales.

El último mensaje clave es que los Gobiernos deben integrar el análisis de datos en sus procesos de toma de decisiones para utilizarlos eficazmente en la formulación y reforma de políticas. La analítica gubernamental no es una solución en sí misma, sino que es una herramienta que proporciona a los responsables de la formulación de políticas evidencia precisa y pertinente para orientar las decisiones clave, identificar deficiencias y debilidades, y perfeccionar el diseño y la implementación de las intervenciones de política (Rogger y Schuster, 2023; Banco Mundial, 2021). La analítica no puede reemplazar a los responsables de la toma de decisiones, diseñar políticas ni sustituir la experiencia y el conocimiento de los formuladores de políticas y los servidores públicos. Para ser útil, la analítica debe estar orientada a resolver problemas, responder a la demanda y ajustarse a las necesidades específicas de quienes toman decisiones, ya que fortalecer el sector público requiere más que datos y medición (Bridges y Woolcock, 2023). Además de crear las condiciones propicias para la analítica, los Gobiernos deben fomentar una cultura de toma de decisiones basada en evidencia dentro de la administración pública, para asegurar que la analítica cumpla con su potencial de mejorar el diseño e implementación de las políticas públicas.

A lo largo de este informe, se utilizarán globos dorados para señalar los capítulos *del Government Analytics Handbook* donde puede obtener más información sobre cada tema que se analiza en el informe.

EL ECOSISTEMA DE LA ANALÍTICA GUBERNAMENTAL

La analítica gubernamental puede ayudar a que la administración pública sea más eficiente y satisfaga las necesidades y los objetivos de los formuladores de políticas y sirva de base para políticas específicas y decisiones críticas. Los Gobiernos pueden utilizar los datos para respaldar la toma de decisiones basada en evidencia de tres maneras, como se describe en el *Informe sobre el desarrollo mundial 2021: Datos para una vida mejor del Banco Mundial* (Banco Mundial, 2021). En primer lugar, pueden analizar datos para mejorar la formulación de políticas y la prestación de servicios ampliando el acceso a los servicios gubernamentales y así garantizar que las políticas se basen en la mejor evidencia disponible. En segundo lugar, pueden utilizar los datos para ayudar a asignar recursos escasos a través de la focalización y el monitoreo. Por último, pueden dar a conocer los datos para fomentar la transparencia y aumentar su propia rendición de cuentas sobre el uso eficaz y eficiente de los recursos públicos (Banco Mundial, 2021). De este modo, la labor analítica gubernamental se alinea con una agenda más amplia del Banco Mundial sobre el uso de datos y análisis para promover el desarrollo.[2]

En el capítulo 2 de este informe, se presenta un marco conceptual en el que se destacan los diferentes usos de la analítica gubernamental y la forma de fortalecer sus condiciones favorecedoras. Como se destaca en el *Informe sobre el Desarrollo Mundial 2016: Dividendos digitales* (Banco Mundial, 2016), las tecnologías digitales necesitan complementos analógicos para alcanzar su potencial. De manera similar, la analítica requiere dos condiciones propicias esenciales para ser una herramienta eficaz en la formulación de políticas: la infraestructura necesaria para producir y utilizar datos de alta calidad, y las capacidades analíticas para aprovechar dichos datos. Este informe utiliza la metáfora de un *ecosistema* para referirse a la interdependencia entre las aplicaciones de la analítica gubernamental y sus condiciones propicias. Así como los diversos organismos necesitan un entorno que los sustente, la analítica gubernamental depende de una infraestructura de datos sólida y de capacidades analíticas desarrolladas.

En primer lugar, en el marco conceptual se considera de qué manera la analítica gubernamental proporciona evidencias para abordar los desafíos relacionados con la formulación de políticas y satisfacer las necesidades de los responsables de la toma de decisiones. Los Gobiernos enfrentan una gran variedad de desafíos en materia de formulación de políticas que exigen diversas evidencias y, por lo tanto, productos analíticos diversos. Hay muchos tipos de productos analíticos, cada uno se basa en diferentes tipos de datos administrativos para responder a diferentes necesidades en materia de políticas. Puede haber análisis sobre impuestos o adquisiciones, sobre recursos humanos o sobre datos de deuda pública. Por esta razón, en el marco conceptual se describen en detalle los diferentes tipos de análisis que realizan los Gobiernos, cómo se aplican los conocimientos generados por los análisis y cómo se producen y distribuyen estos análisis entre los servidores públicos y los ciudadanos.

Incluso dentro de una misma función de gobierno, diferentes desafíos podrían requerir diferentes tipos de análisis. Por ejemplo, un Gobierno que enfrenta demoras en los procesos de adquisiciones podría analizar los datos de las adquisiciones para comprender la magnitud de estas demoras y sus causas. Por otro lado, un Gobierno que considere la posibilidad de establecer un sistema centralizado de pagos podría analizar los datos de las adquisiciones para predecir los efectos del nuevo sistema. La administración pública se enfrenta a diversos desafíos; por eso, las soluciones que la analítica gubernamental le proporciona a los responsables de la formulación de políticas también deberían ser diversas.

Luego, en el marco conceptual se describen dos condiciones propicias que ayudan a la analítica gubernamental a generar soluciones a los desafíos que plantea la formulación de políticas. El primero es la infraestructura de datos. La analítica gubernamental depende de datos de alta calidad respaldados por protocolos sólidos de gestión y accesoa los datos para garantizar su seguridad, precisión y uso generalizado. Si la calidad de la infraestructura de datos se deteriora, también se deteriora la calidad y diversidad del análisis. El segundo son las capacidades analíticas, tanto a nivel individual como institucional: trayectorias profesionales específicas y capacitación para analistas de datos, oportunidades de financiamiento, unidades de análisis específicas y una estrategia integral de análisis. Estas condiciones habilitantes se refuerzan mutuamente: las mejoras de la infraestructura de datos incentivan las inversiones en capacidad analítica al hacer que los datos administrativos sean más accesibles y fáciles de usar, y una capacidad analítica más sólida incentiva las inversiones destinadas a mejorar la infraestructura de datos, ya que se dispone de personal y recursos para utilizar esos datos en la analítica. Además, las aplicaciones analíticas pueden ayudar a fortalecer estas condiciones habilitantes, por ejemplo, identificando las deficiencias en los datos y motivando a los funcionarios públicos para que desarrollen sus habilidades a través de la capacitación.

El marco conceptual también estructura el análisis cualitativo y cuantitativo de la analítica gubernamental —junto con las recomendaciones de política derivadas de esos datos—que se presentan en el resto del informe. En el capítulo 3 se presentan 12 estudios de casos de iniciativas analíticas de toda América Latina y el Caribe, que abarcan una amplia gama de países y funciones de gobierno. Posteriormente, en el capítulo 4, se presentan los resultados de una encuesta original realizada en 20 países a servidores públicos expertos en gobierno digital, datos administrativos y analítica. Por último, el capítulo 5 concluye con recomendaciones de política para ayudar a los Gobiernos, en todos los niveles de madurez de la analítica, a aplicar el marco conceptual para desarrollar la analítica gubernamental y hacer frente a los desafíos que enfrentan en la formulación de políticas.

OPORTUNIDADES Y DESAFÍOS REGIONALES PARA LA ANALÍTICA GUBERNAMENTAL

Los Gobiernos de América Latina y el Caribe están bien posicionados para desarrollar un ecosistema de analítica gubernamental para apoyar la formulación de políticas basadas en evidencia y mejorar su funcionamiento. Los países de la región han invertido importantes recursos en la creación de MIS (Sistemas de información de gestión, por sus siglas en inglés): marcos integrados de datos que recopilan, almacenan y gestionan datos administrativos de todas las funciones gubernamentales (Banco Mundial, 2022a). Este informe se centra en seis MIS que son fundamentales para el funcionamiento de los Gobiernos:

- Sistema de información de gestión de recursos humanos (HRMIS)
- Sistema de información de gestión de adquisiciones (e-Procurement)
- Sistema de información de gestión de finanzas públicas (PFMIS)

- Sistema de información de gestión de impuestos (TaxMIS)
- Sistema de información de gestión de educación (EdMIS)
- Sistema de información de gestión de salud (HealthMIS).

En América Latina y el Caribe, estos MIS abarcan funciones de gobierno que representan, en promedio, el 79 % del total de ingresos y transferencias y al menos el 40 % del gasto total a nivel del Gobierno central en América Latina y el Caribe (gráfico 1.1). Esto los convierte en una fuente vital de datos para los Gobiernos.[3] (En el recuadro 1.2 se explica por qué este informe se centra en los datos administrativos, y en el apéndice B se describe cada MIS con más detalle).

Desde la década de 1980, los Gobiernos de América Latina y el Caribe han logrado avances considerables en la implementación de sistemas de información para digitalizar, automatizar y simplificar las funciones gubernamentales básicas. Estas inversiones han ampliado significativamente la disponibilidad de datos administrativos digitales en las funciones de gobierno analizadas en este informe (panel a del gráfico 1.2).[4] Para 2022, todos los países de la región contaban con un sistema de información de gestión de finanzas públicas (PFMIS) y un sistema de información de gestión de impuestos (TaxMIS). Además, el 91 % de los países tenía un sistema de información de gestión de recursos humanos (HRMIS), y el 84 % tenía un sistema de adquisiciones (e-Procurement) (Banco Mundial, 2022a). La adopción generalizada de MIS digitales convierte a la región en un líder mundial en cobertura de sistemas de información (panel b del gráfico 1.2).

GRÁFICO 1.1 Composición del ingreso y el gasto del Gobierno central en América Latina y el Caribe, 2010-22

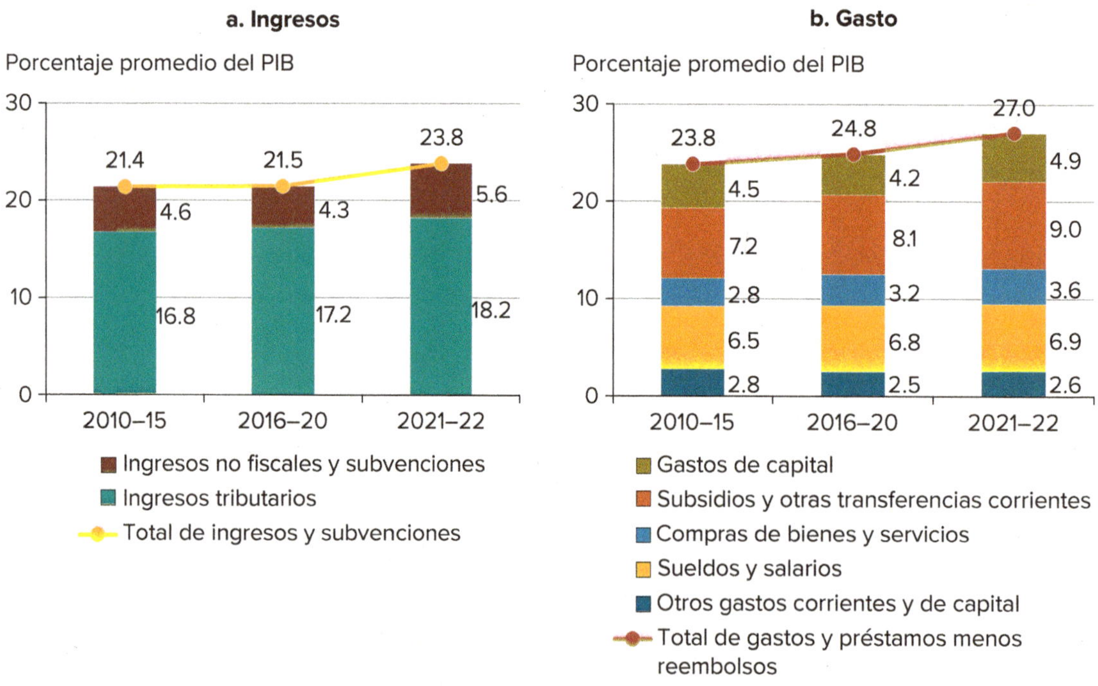

Fuente: Gráfico original de esta publicación, basado en datos de CEPALSTAT (https://statistics.cepal.org/portal/cepalstat/index.html?lang=en).

Recuadro 1.2 ¿Por qué los datos administrativos?

Este informe se centra en la analítica gubernamental mediante la utilización de datos administrativos: información recopilada y almacenada periódicamente por las organizaciones gubernamentales en sistemas de información de gestión con el fin de facilitar la administración de programas y la prestación de servicios públicos. Por ejemplo, los datos administrativos incluyen los registros gubernamentales de nacimientos y defunciones, la matrícula de estudiantes, los valores de los contratos de las adquisiciones, los ingresos fiscales y los salarios de los trabajadores, entre muchos otros registros de la manera en que la administración pública lleva las políticas a la práctica cada día.

Los datos administrativos suelen ofrecer información más frecuente y geográficamente más completa sobre las personas y las organizaciones que la que es posible obtener con los datos de encuestas. Debido a que los datos administrativos se recopilan con fines administrativos, estos datos suelen ser menos costosos que otros tipos de datos (Statistics Canada, n.d.; UK Office for Statistics Regulation, n.d.; US Census Bureau, n.d.). La reutilización de los datos administrativos para fines analíticos los convierte en un recurso valioso para mejorar el diseño, la implementación, la gestión y la evaluación de políticas, lo que contribuye al funcionamiento del Gobierno.

Los datos administrativos también pueden complementarse con datos de encuestas, que pueden ofrecer información sobre los desafíos que no reflejan los datos recopilados de forma rutinaria. Sin embargo, a diferencia de los datos administrativos, los datos de las encuestas no están disponibles con facilidad para todos los organismos gubernamentales. Este informe se centra en los análisis de gobierno a partir de datos administrativos, debido a que estos son un recurso poderoso pero subutilizado y están al alcance de la mayoría de las organizaciones gubernamentales.

Los datos administrativos también pueden mejorar las operaciones de las organizaciones gubernamentales que participan en la recopilación de datos de encuestas, como las oficinas nacionales de estadística (NSO, por sus siglas en inglés), creando valiosas sinergias para el sector público (Rivas y Crowley, 2018). Al utilizar datos administrativos de sectores como los de impuestos, salud y educación, las NSO pueden mejorar significativamente la compilación y la precisión de estadísticas nacionales importantes. Los datos tributarios pueden respaldar la creación de índices de la actividad económica. Del mismo modo, los registros de salud y educación pueden utilizarse para verificar los datos sobre gastos.

La experiencia de las NSO en gestión y gobernanza de datos también puede agregar un valor sustancial a los datos administrativos. Las NSO pueden ayudar a mejorar la calidad de los datos mediante controles de calidad y garantizar la estandarización de los datos en todo el sector público, lo que a su vez facilita la interoperabilidad entre los sistemas de datos. Por lo tanto, la colaboración entre las organizaciones responsables de los datos administrativos y las responsables de los datos de las encuestas tiene un gran potencial para mejorar la calidad de la información y fortalecer la analítica gubernamental.

GRÁFICO 1.2 Cobertura de los principales Sistemas de Información de Gestión en América Latina y el Caribe y en todo el mundo

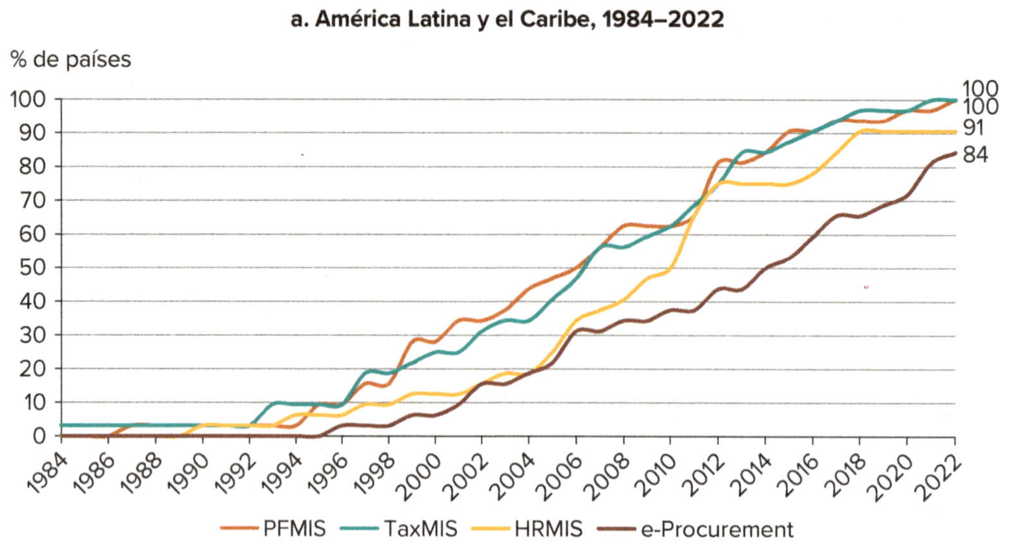

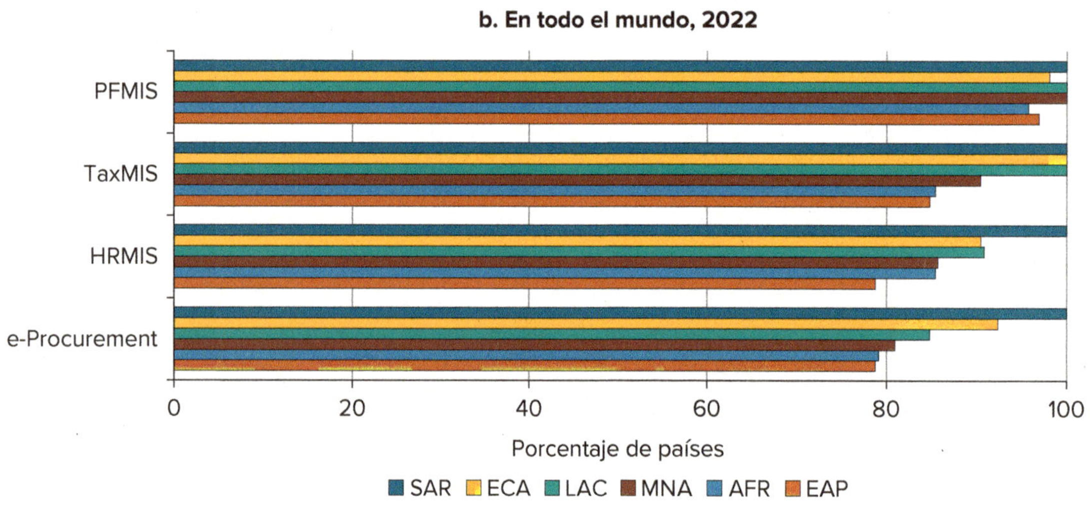

Fuente: Banco Mundial 2022a.

Nota: AFR = África; EAP = Asia oriental y el Pacífico; ECA = Europa y Asia central; e-Procurement = sistema de información sobre la gestión de las adquisiciones; HRMIS = sistema de información sobre la gestión de los recursos humanos; LAC = América Latina y el Caribe; MNA = Oriente Medio y Norte de África; PFMIS = sistema de información sobre la gestión de las finanzas públicas; SAR = Asia meridional; TaxMIS = sistema de información para la administración tributaria.

La transición de los MIS analógicos a los digitales ofrece a los Gobiernos de América Latina y el Caribe la oportunidad de aprovechar los datos administrativos existentes para mejorar el diseño y la implementación de políticas. Los MIS digitales generan una cantidad de datos sin precedentes sobre cómo funciona la administración pública, lo que facilita la medición a nivel detallado y en tiempo real. Los Gobiernos de la región también han creado redes internacionales para apoyar el desarrollo y la ampliación de soluciones analíticas, como la Red Interamericana de Gobierno Digital. Las inversiones en tecnología gubernamental, como los portales de ciudadanos y los datos de libre acceso, han fortalecido los sistemas gubernamentales centrales de la región, lo que ha permitido a la región lograr avances significativos hacia un sector público más basado en datos (Banco Mundial, 2023).

A pesar de la amplia cobertura de los MIS, los Gobiernos de América Latina y el Caribe deben abordar las limitaciones institucionales para aprovechar al máximo sus datos administrativos en la analítica gubernamental. Los Gobiernos de la región aún lidian con la digitalización y fragmentación parciales de sus MIS y con una gestión deficiente de los datos. Los desafíos de implementar reformas en los MIS han dado como resultado una combinación de herramientas y tecnologías con diversos grados de eficacia, lo que a su vez ha dado lugar a silos de información y estándares de datos inconsistentes. En consecuencia, la interoperabilidad entre los diferentes sistemas es limitada, la calidad de los datos disponibles para el análisis se ve comprometida y los datos disponibles no necesariamente se ajustan a las prioridades estratégicas y las necesidades normativas. Los Gobiernos también enfrentan desafíos para contratar y retener a los analistas capacitados que se necesitan para analizar los datos y producir aplicaciones útiles de la analítica.

UNA EVALUACIÓN REGIONAL Y RECOMENDACIONES DE POLÍTICAS PARA FORTALECER LA ANALÍTICA GUBERNAMENTAL

En este informe se presentan evidencias y guías prácticas para los Gobiernos de América Latina y el Caribe sobre el uso de sus datos administrativos para mejorar el funcionamiento del Gobierno. En el capítulo 3 se ofrece una serie de estudios de casos cualitativos que describen de primera mano las oportunidades y los desafíos que han enfrentado los Gobiernos de la región al reorientar datos administrativos para resolver problemas de gobernanza a través de la analítica, y los resultados que han logrado. En el cuadro 1.1 se resume cada estudio de caso. Posteriormente, en el capítulo 4 se presentan datos cuantitativos de una encuesta original realizada en 20 países de la región. Los funcionarios públicos de cada país que son expertos en sistemas de información específicos y funciones de gobierno respondieron los cuestionarios sobre el ecosistema de analítica gubernamental del país. Al presentar una variedad de experiencias analíticas en los estudios de casos y la encuesta, este informe puede ayudar a los servidores públicos a aprender de los desafíos y las historias de éxito de los demás.

Sin embargo, este informe es más que una evaluación: es una guía práctica para los Gobiernos que desean que el análisis de datos sea una parte importante de su conjunto de herramientas para la formulación de políticas. Al igual que una guía de jardinería explica qué entorno necesitan varias plantas para prosperar, este informe ofrece recomendaciones para crear un ecosistema resiliente que respalde diversas aplicaciones analíticas que puedan satisfacer una amplia variedad de necesidades de formulación de políticas. En el capítulo 5 se ofrece un conjunto de recomendaciones de políticas orientadas a cada elemento del marco conceptual, a partir de las conclusiones de la evaluación regional. Las recomendaciones se adaptan a los diferentes niveles de madurez de los sistemas de información y analítica para que todos los Gobiernos puedan encontrar los próximos pasos prácticos para desarrollar analíticas para la formulación de políticas basadas en evidencia. En el cuadro 1.2 se resumen estas principales conclusiones y recomendaciones de políticas.

Para poner en práctica estas recomendaciones, los Gobiernos deben ser conscientes de los desafíos de la economía política en un amplio espectro. El contexto político que determina la formulación de políticas y la cultura predominante en la administración pública tienen un impacto significativo en la medida en que las políticas y las decisiones se basan en evidencia. Por ejemplo, los dirigentes de la administración pública pueden ver con incomodidad la rendición de cuentas que promueve el análisis de datos, percibiéndolo como una amenaza a su autonomía. Los líderes también pueden hacer de sus agendas personales una prioridad, especialmente en entornos en los que la competencia electoral no proporciona incentivos para un cambio de políticas basado en la evidencia. Incluso cuando los líderes quieren tomar decisiones de políticas basadas en evidencia, el proceso político puede exigir decisiones rápidas, sin tiempo suficiente para recopilar datos, realizar análisis y producir evidencia. La analítica gubernamental por sí sola no puede abordar estas limitaciones.

Por lo tanto, el uso de la analítica gubernamental para mejorar el funcionamiento del Gobierno, abordar los desafíos de desarrollo y, en última instancia, generar la confianza de los ciudadanos exige ir más allá de las condiciones propicias descritas en este informe. También exige el apoyo continuo de los formuladores de políticas y un cambio cultural hacia la adopción de políticas basadas en evidencias. El objetivo de este informe es orientar a los formuladores de políticas interesados en la analítica y ofrecerles información práctica sobre cómo impulsarla institucionalmente, así como ejemplos concretos de aplicaciones analíticas que han mejorado con éxito el diseño y la implementación de políticas. Se espera que estos datos proporcionen evidencia e inspiración a los funcionarios públicos y los encargados de la formulación de políticas que desean utilizar los datos para mejorar el funcionamiento del Gobierno, en sus propios países y en toda América Latina y el Caribe.

CUADRO 1.1 Resumen de estudios de casos

País	Estudio de caso	Resumen
Chile	3.1: Uso de la analítica descriptiva para reducir las consultas Médicas perdidas	El Ministerio de Salud de Chile analizó los datos de su HealthMIS para entender qué pacientes faltaban a las citas médicas —por un costo de USD 180 millones anuales—y para diseñar un programa destinado a reducir la falta de citas y aumentar el uso de la atención primaria. La implementación de un sistema de recordatorios y la corrección de las deficiencias en los registros administrativos disminuyeron las citas perdidas en un 6 % y aumentaron el uso de los servicios de atención primaria en aproximadamente un 10 % entre los pacientes con diabetes e hipertensión. Este estudio de caso demuestra el impacto que puede tener la analítica descriptiva relativamente simple cuando se basa en datos completos, así como la importancia de la calidad de los datos y cómo los proyectos analíticos pueden ayudar a implementar controles de calidad y mejorar los registros administrativos.

(continuación))

CUADRO 1.1 Resumen de estudios de casos *(continuación)*

País	Estudio de caso	Resumen
Colombia	3.2: Uso de analítica de diagnóstico de los datos de recursos humanos para explorar la brecha salarial de género	La Unidad de Científicos de Datos del Departamento Nacional de Planeación de Colombia analizó los datos del sistema de información de gestión de recursos humanos para explorar la brecha salarial de género entre algunos trabajadores del sector público. En él se determinó una brecha salarial de aproximadamente el 6 % y se informó a las autoridades que supervisan las políticas de género sobre las brechas de cumplimiento de la ley contra la discriminación de género de Colombia. Este estudio de caso demuestra que una buena evaluación de política produce pruebas que describen no solo lo que está sucediendo, sino también por qué está sucediendo, así como el papel fundamental que puede desempeñar una unidad de análisis específica en la generación de esa evidencia.
Paraguay	3.3: Análisis de datos para la rendición de cuentas ciudadana: El caso de reAcción	Aprovechando los datos abiertos de adquisiciones, reAcción Paraguay creó una plataforma abierta para monitorear la asignación de millones de dólares en fondos públicos distribuidos a través de un programa de infraestructura escolar. Los descubrimientos de la plataforma motivaron una respuesta del Gobierno y mejoraron en un 400 % la asignación de los recursos hacia las escuelas más necesitadas. En este estudio de caso se demuestra cómo los datos gubernamentales abiertos y accesibles pueden impulsar la movilización cívica, permitir a la sociedad civil poner de manifiesto la mala gestión de los fondos públicos y mejorar la transparencia y la rendición de cuentas del Gobierno, así como la asignación de los recursos públicos. También demuestra cómo el impacto de la analítica gubernamental se amplifica cuando se conectan datos de diferentes fuentes.
Uruguay	3.4: Creación de una plataforma integrada de gestión de recursos humanos para la Planificación estratégica de la fuerza de trabajo	La Oficina Nacional del Servicio Civil de Uruguay está desarrollando una plataforma de gestión de recursos humanos que integra datos administrativos de múltiples organizaciones gubernamentales. La plataforma transformará las adquisiciones y la gestión del sector público y creará las condiciones propicias para futuros análisis. Este estudio de caso demuestra el impacto que puede tener la analítica gubernamental cuando los datos están conectados; las poderosas aplicaciones de la analítica descriptiva; y la importancia de monitorear la composición de la fuerza laboral del sector público, las habilidades y competencias dentro de ella, y las futuras necesidades de capital humano.
Ecuador	3.5: Análisis de datos fiscales para aumentar la recaudación del impuesto a las sociedades	El Servicio de Rentas Internas de Ecuador, en colaboración con un equipo de investigadores, evaluó la integración de datos de terceros con el TaxMIS del país para combatir la evasión fiscal. La evaluación mostró que el uso de datos de terceros en la recaudación de impuestos podría generar cientos de millones de dólares en ingresos si se complementara con una aplicación efectiva. En este estudio de caso se demuestra cómo se pueden utilizar los datos administrativos para realizar una evaluación rigurosa de las políticas, el impacto de conectar múltiples registros administrativos y bases de datos no administrativas, y los beneficios para la administración pública de establecer asociaciones con investigadores y analistas de datos externos.
Guatemala	3.6: Uso de análisis predictivos para prevenir la deserción escolar	En Guatemala, aproximadamente el 40 % de los alumnos de sexto grado abandonan la escuela antes de llegar al noveno grado. Para abordar este problema, el Ministerio de Educación, en colaboración con el Banco Mundial, puso en marcha de manera experimental un sistema de alerta temprana para identificar a los estudiantes en riesgo de deserción escolar, en el que se utilizó la analítica predictiva basada en mejoras recientes en los datos de los estudiantes. Con este innovador programa se logró reducir en 9 % la tasa de deserción durante la transición de la escuela primaria a la secundaria. En este estudio de caso se demuestra cómo a analítica puede respaldar la evaluación y el diseño de políticas, así como poner a prueba la eficacia de las políticas antes de ampliarlas, así como la importancia de contar con datos de buena calidad para que la analítica tenga impacto.

(continuación))

CUADRO 1.1 Resumen de estudios de casos *(continuación)*

País	Estudio de caso	Resumen
Brasil	3.7: Uso de los datos fiscales para aumentar la eficiencia de las contrataciones publicas	El Gobierno del estado de Rio Grande do Sul (Brasil) utilizó los datos fiscales para mejorar la eficiencia de los procesos de contrataciones públicas y ahorró un 4 % en su gasto total anual para productos específicos. Desde 2008, Brasil exige a las empresas registradas que están sujetas a impuestos estatales sobre la circulación de bienes y servicios que emitan facturas digitales por sus transacciones. Estos datos se utilizaron para calcular los precios de referencia del mercado para establecer los parámetros de licitación. Cuando los equipos de contrataciones tuvieron acceso a estas analíticas, los precios de compra se redujeron en un 13,2 %. En este estudio de caso se muestra cómo se pueden utilizar los datos gubernamentales para el análisis de todas las funciones y cómo se pueden aprovechar estadísticas simples, como el cálculo de precios de referencia, para mejorar las contrataciones del estado.
Colombia	3.8: Aumento de la eficiencia del gobierno a través de una agencia analítica centralizada	El Gobierno municipal de Bogotá (Colombia) creó una unidad de analítica centralizada, Ágata, para generar información sobre los sistemas de información de gestión y las funciones de gobierno para satisfacer las necesidades de las partes interesadas de la ciudad. Entre muchos proyectos, Ágata ha sacado provecho de los historiales clínicos electrónicos y la analítica predictiva para identificar riesgos de salud en tiempo real para mujeres embarazadas y recién nacidos, lo que ha salvado miles de vidas. También ha integrado los datos sobre la gestión de las finanzas públicas en todas las organizaciones, permitiéndoles visualizar y evitar la duplicación de los servicios que prestan a los ciudadanos, mejorando así la asignación de recursos. Este estudio de caso demuestra el valor que una unidad de analítica centralizada puede aportar a la administración pública.
Perú	3.9: Establecimiento de una agencia analítica descentralizada para mejorar la eficiencia de la recaudación tributaria	En Perú, el cumplimiento tributario es un desafío para las autoridades fiscales. Para abordar este desafío, la Superintendencia de Aduanas y de Administración Tributaria de la Nación creó su propia unidad de analítica. Esta unidad ha emprendido numerosos proyectos analíticos para fortalecer el control y el cumplimiento tributario y aduanero, generando millones de dólares en ingresos adicionales y actuando como elemento clave de la estrategia de la superintendencia para mejorar la eficiencia de la administración tributaria. Este estudio de caso demuestra cómo las unidades de análisis descentralizadas pueden desarrollar analíticas predictivas sofisticadas, lo que conduce a mejoras significativas en la recaudación de ingresos tributarios.
Varios países	3.10: Los Datathons como herramienta para promover el análisis de datos	Muchos Gobiernos de América Latina y el Caribe han establecido plataformas o han organizado eventos para compartir las mejores prácticas, las herramientas y los casos de éxito relacionados con la analítica. En estos maratones de datos o "Datathons", los funcionarios públicos y los miembros de la comunidad tienen acceso a datos del gobierno, aprenden sobre una pregunta relevante de política y colaboran para producir análisis que pueden utilizarse para orientar la formulación de políticas. En este estudio de caso se demuestra que los Gobiernos se benefician al interactuar con analistas de datos dentro y fuera del sector público para recopilar ideas para productos analíticos y fortalecer los canales de contratación.
Brasil	3.11: El poder de la integración de datos para fortalecer la integridad de las contrataciones públicas	En 2022, el Banco Mundial puso en marcha de manera experimental el Sistema de Evaluación de Riesgos relacionados con la Gobernanza (GRAS) en Brasil. El GRAS utiliza algoritmos para identificar patrones asociados con el fraude y la corrupción en las contrataciones públicas, centrándose en los proveedores públicos, los organismos contratantes y los actores individuales. Uno de los pilares del GRAS es su sólido marco de integración de datos, que agrega, vincula y analiza grandes volúmenes de datos sobre adquisiciones públicas, incluidos microdatos detallados sobre empresas e individuos. Durante el proyecto piloto, el GRAS identificó unas 800 empresas a las que se adjudicaron contratos a pesar de las sanciones legales y ayudó a la policía federal a descubrir redes de empresas fantasma y operaciones de blanqueo de dinero. Este estudio de caso demuestra cómo se puede detectar y reducir la corrupción en el sector público mediante la integración de datos gubernamentales, la aplicación de analíticas descriptivas y predictivas, y la triangulación de datos.

(continuación)

CUADRO 1.1 Resumen de estudios de casos *(continuación)*

País	Estudio de caso	Resumen
Uruguay	3.12: Apoyo a la implementación de acuerdos marco mediante el análisis de datos	En 2019, el Banco Mundial realizó una revisión de los datos sobre contrataciones públicas de Uruguay que identificó los convenios marco como una estrategia para mejorar el desempeño del sistema de adquisiciones. Durante la fase de ejecución de esta revisión, la analítica fue útil para identificar los artículos que podían adquirirse a través de convenios marco. En este estudio de caso se demuestra el impacto de la analítica descriptiva y de diagnóstico para identificar intervenciones adecuadas y respaldar su diseño durante la etapa de implementación de un programa.

Fuente: Cuadro original de esta publicación.
Nota: HealthMIS = sistema de información de gestión sanitaria; HRMIS = sistema de información de gestión de recursos humanos; TaxMIS = sistema de información de gestión fiscal.

CUADRO 1.2 Principales conclusiones y recomendaciones de políticas para fortalecer la analítica gubernamental

a. *¿Cómo pueden los Gobiernos avanzar hacia un enfoque más estratégico de la analítica gubernamental para generar evidencias que sirvan de base para la toma de decisiones?*

Conclusiones principales	Recomendaciones de políticas
• Cuando la analítica gubernamental es adecuada para un propósito particular y se adapta a necesidades específicas, puede mejorar la toma de decisiones y ayudar a lograr resultados de desarrollo. • Los gobiernos de América Latina y el Caribe utilizan principalmente datos administrativos para realizar análisis descriptivos; los análisis de diagnóstico y predictivos siguen siendo poco utilizados. • Los gobiernos de la región utilizan principalmente productos analíticos para el seguimiento y la rendición de cuentas y, en menor medida, para la evaluación y el diseño de políticas. • Los gobiernos de la región utilizan principalmente sistemas de información de gestión (MIS) con fines operacionales y transaccionales, desaprovechando la oportunidad de emplear datos administrativos y análisis avanzados para mejorar la toma de decisiones.	• **Fortalecer la cultura de formulación de políticas basadas en evidencia y la demanda de análisis dentro de la administración pública.** Revisar cómo se utilizan los datos en la formulación de políticas. Definir las prioridades de reforma y las evidencias necesarias para orientarlas. Generar demanda de análisis a través de talleres, conferencias y programas de intercambio de datos. Fomentar las asociaciones interinstitucionales e implementar estrategias de gobernanza y gestión de datos. • **Definir el uso estratégico de los datos gubernamentales.** Revisar cómo el análisis de datos administrativos puede orientar la toma de decisiones en áreas de políticas específicas. Elaborar estrategias con respecto a usos más amplios de los datos y considerar cómo los datos conectados pueden beneficiar a múltiples organizaciones. • **Agilizar la analítica descriptiva y desarrollar la analítica de diagnóstico y predictiva.** Crear las condiciones necesarias para utilizar eficazmente los datos administrativos en el seguimiento y la rendición de cuentas mediante la definición de un marco, el establecimiento de un proceso de presentación de informes y la creación de una herramienta de divulgación. Avanzar hacia la analítica de diagnóstico y predictiva para orientar la evaluación y el diseño de políticas.

(continuación)

CUADRO 1.2 Principales conclusiones y recomendaciones de políticas para fortalecer la analítica gubernamental *(continuación)*

b. ¿Cómo pueden los Gobiernos desarrollar la capacidad analítica de las personas y las organizaciones?

Conclusiones principales	Recomendaciones de políticas
• Aunque los gobiernos de América Latina y el Caribe reconocen la importancia de las habilidades analíticas, carecen de una carrera estructurada para los analistas de datos y de evaluaciones de competencia para los funcionarios públicos. • El financiamiento para la elaboración de proyectos analíticos es limitado en la región. • La creación de unidades de análisis específicas y la colaboración con organizaciones académicas o internacionales pueden ser estrategias eficaces para abordar los desafíos que plantea el fortalecimiento de la capacidad y racionalizar el uso de los análisis en la toma de decisiones.	• **Evaluar la capacidad analítica existente.** Evaluar periódicamente la capacidad analítica del sector público para determinar las necesidades de fortalecimiento de la capacidad institucional. Elaborar planes para alinear las habilidades de la fuerza laboral con las habilidades necesarias para la analítica gubernamental. • **Desarrollar estratégicamente la capacidad analítica.** Ofrecer capacitación en análisis de datos adaptada a las necesidades específicas de los responsables por la toma de decisiones, los analistas y los expertos en la materia. Elaborar un marco que vincule el desarrollo de habilidades con las aplicaciones prácticas. • **Establecer una trayectoria profesional específica para que las unidades de análisis de datos puedan atraer y retener talento.** • **Institucionalizar la analítica gubernamental.** Establecer unidades de análisis específicas y asegurar un presupuesto para respaldar las capacidades y los productos analíticos. • **Establecer colaboraciones externas.** Forjar colaboraciones externas con instituciones académicas, organizaciones sin fines de lucro y organizaciones multilaterales para abordar las limitaciones presupuestarias y la escasez de personal especializado y facilitar la coproducción de productos analíticos a través de marcos eficaces de intercambio de datos.

c. *¿Cómo pueden los Gobiernos fortalecer la infraestructura de datos?*

Conclusiones principales	Recomendaciones de políticas
• A pesar de los avances en materia de digitalización, muchos MIS en América Latina y el Caribe no están lo suficientemente digitalizados o están desactualizados, con variaciones considerables. • En los MIS de la región no se aplican medidas sistemáticas para controlar la calidad de los datos, y el carácter manual y esporádico de la depuración de los datos plantea problemas para la precisión, fiabilidad, y replicabilidad de los análisis. • La interoperabilidad de los sistemas de información de gestión es limitada, y el intercambio de datos entre los organismos gubernamentales es adecuado para tal fin, lo que impide a los Gobiernos aprovechar plenamente el potencial de los datos de los sistemas de información para los proyectos analíticos.	• **Evaluar la calidad, integridad y vigencia de los datos gubernamentales y definir las medidas para mejorarlos.** Evaluar y actualizar periódicamente los MIS y examinar ecosistemas de datos más amplios para evitar silos y fortalecer la efectividad de los sistemas de información de gestión. • **Establecer controles de calidad de datos periódicos, sistemáticos y automatizados.** Incorporar controles de calidad de los datos en los marcos del MIS para garantizar su precisión y fiabilidad. Establecer un equipo dedicado exclusivamente a esta tarea. • **Establecer un inventario de datos.** Un inventario de datos debe incluir los tipos de datos disponibles, las ubicaciones de almacenamiento y las definiciones de campo. Esto simplifica el desarrollo de proyectos y garantiza una gestión adecuada del ciclo de vida de los datos. • **Conectar datos gubernamentales.** Establecer protocolos para el intercambio de datos entre los organismos gubernamentales a fin de conectar e integrar eficazmente los datos administrativos. • **Plan de mantenimiento y actualizaciones de los sistemas de información de gestión.** Crear las condiciones para las actualizaciones del MIS con el fin de aprovechar continuamente los últimos avances tecnológicos.

Fuente: Cuadro original de esta publicación.

NOTAS

1. En el Cuadro 1.1 y en el Capítulo 3 se ofrece la información detallada sobre estas y otras iniciativas analíticas realizadas por los gobiernos de la región.
2. Por ejemplo, a través de la Iniciativa Mundial de Evaluación, el Banco Mundial está promoviendo esfuerzos a nivel mundial por reforzar los sistemas nacionales de seguimiento, evaluación y utilización de datos empíricos para la toma de decisiones. Esto incluye la creación de centros regionales de aprendizaje sobre evaluación y resultados en países de América Latina y el Caribe, como Brasil y Chile (GEI, n.d.-a, n.d.- b).
3. En el informe se reconoce que otros MIS son importantes para el funcionamiento eficaz de la administración pública. Sin embargo, se centra en estos seis tipos de MIS porque se adoptan ampliamente en la región y representan las funciones básicas del poder ejecutivo del Estado.
4. El Banco Mundial ha sido un asociado fundamental para los países de América Latina y el Caribe, ya que ha respaldado el diseño y la ejecución de iniciativas para adoptar o modernizar los MIS. Estos esfuerzos se han centrado especialmente en los sistemas de información de gestión de finanzas públicas, dada la importancia de estos sistemas para la aplicación de políticas y la prestación de servicios. En 2011, por ejemplo, el 45 % de los proyectos del Banco Mundial en América Latina y el Caribe incluían inversiones clave en tecnología de la información y las comunicaciones para la gestión financiera (Dener, Watkins y Dorotinsky 2011; Pimenta y Pessoa, 2016). Estos esfuerzos reflejan el compromiso permanente del Banco Mundial de apoyar a los Gobiernos en el fomento de la toma de decisiones basada en datos a través de sus MIS y en el aprovechamiento de las innovaciones en las tecnologías de la información y las comunicaciones para mejorar la implementación de políticas y la prestación de servicios.

REFERENCIAS

Best, Michael Carlos, Jonas Hjort, and David Szakonyi. 2023. "Individuals and Organizations as Sources of State Effectiveness." *American Economic Review* 113 (8): 2121–67. https://doi.org/10.1257/aer.20191598.

Bridges, Kate, and Michael Woolcock. 2023. "Measuring What Matters: Principles for a Balanced Data Suite That Prioritizes Problem Solving and Learning." In *The Government Analytics Handbook: Leveraging Data to Strengthen Public Administration*, edited by Daniel Rogger and Christian Schuster, chap. 4. Washington, DC: World Bank. https://doi.org/10.1596/978-1-4648-1957-5.

Dener, Cem, Joanna Alexandra Watkins, and William Leslie Dorotinsky. 2011. *Financial Management Information Systems: 25 Years of World Bank Experience on What Works and What Doesn't.* Washington, DC: World Bank. https://documents.worldbank.org/curated/en/485641468139212120/Financial-management-information-systems-25-years-of-World-Bank-experience-on-what-works-and-what-doesnt.

GEI (Global Evaluation Initiative). n.d.-a. "The CLEAR Network." GEI, World Bank. Accessed May 8, 2024. https://www.globalevaluationinitiative.org/clear-network.

GEI (Global Evaluation Initiative). n.d.-b. "Who We Are." GEI, World Bank. Accessed May 8, 2024. https://www.globalevaluationinitiative.org/who-we-are.

Hausmann, Ricardo, and Dani Rodrik. 2006. "Doomed to Choose: Industrial Policy as Predicament." Working paper, Center for International Development, Harvard University, Cambridge, MA. https://drodrik.scholar.harvard.edu/publications/doomed-choose-industrial-policy-predicament.

IMF (International Monetary Fund). 2021. *Regional Economic Outlook: Western Hemisphere; A Long and Winding Road to Recovery*. World Economic and Financial Surveys. Washington, DC: International Monetary Fund. https://www.imf.org/en/Publications/REO/WH/Issues/2021/10/21/Regional-Economic-Outlook-October-2021-Western-Hemisphere.

Izquierdo, Alejandro, Carola Pessino, and Guillermo Vuletin, eds. 2018. *Better Spending for Better Lives: How Latin America and the Caribbean Can Do More with Less*. Washington, DC: Inter-American Development Bank. https://dx.doi.org/10.18235/0001217-es.

Keefer, Philip, and Carlos Scartascini, eds. 2022. *Trust: The Key to Social Cohesion and Growth in Latin America and the Caribbean*. Washington, DC: Inter-American Development Bank. http://dx.doi.org/10.18235/0003911.

Maloney, William, Pablo Garriga, Marcela Meléndez, Raúl Morales, Charl Jooste, James Sampi, Jorge Thompson Araujo, and Ekaterina Vostroknutova. 2024. *Competition: The Missing Ingredient for Growth?* Latin America and the Caribbean Economic Review, April 2024. Washington, DC: World Bank. http://hdl.handle.net/10986/41230.

Mazzucato, Mariana, and Dani Rodrik. 2023. "Industrial Policy with Conditionalities: A Taxonomy and Sample Cases." Working Paper 2023/07, Institute for Innovation and Public Purpose, University College London. https://www.ucl.ac.uk/bartlett/public-purpose/wp2023-07.

Pimenta, Carlos, and Mario Pessoa, eds. 2016. *Public Financial Management in Latin America: The Key to Efficiency and Transparency*. Washington, DC: International Monetary Fund. https://doi.org/10.18235/0000083.

Rivas, Lisbeth, and Joe Crowley. 2018. "Using Administrative Data to Enhance Policymaking in Developing Countries: Tax Data and the National Accounts." IMF Working Paper 18/175, International Monetary Fund, Washington, DC. https://www.imf.org/en/Publications/WP/Issues/2018/08/02/Using-Administrative-Data-to-Enhance-Policymaking-in-Developing-Countries-Tax-Data-and-the-46054.

Rogger, Daniel, and Christian Schuster, eds. 2023. *The Government Analytics Handbook: Leveraging Data to Strengthen Public Administration*. Washington, DC: World Bank. https://doi.org/10.1596/978-1-4648-1957-5.

Statistics Canada. n.d. "Administrative Data." Accessed March 15, 2024. https://www.statcan.gc.ca/en/our-data/where/administrative-data.

UK Office for Statistics Regulation. n.d. "Administrative Data (Part 1)." Accessed March 15, 2024. https://osr.statisticsauthority.gov.uk/guidance/administrative-data-and-official-statistics/quality-assurance-of-administrative-data-case-examples/administrative-data-part-1/.

US Census Bureau. n.d. "Administrative Data." Accessed March 15, 2024. https://www.census.gov/topics/research/guidance/restricted-use-microdata/administrative-data.html.

World Bank. 2016. *World Development Report 2016: Digital Dividends*. Washington, DC: World Bank. https://doi.org/10.1596/978-1-4648-0671-1.

World Bank. 2021. *World Development Report 2021: Data for Better Lives*. Washington, DC: World Bank. https://www.worldbank.org/en/publication/wdr2021.

World Bank. 2022a. *GovTech Maturity Index, 2022 Update: Trends in Public Sector Digital Transformation*. Equitable Growth, Finance and Institutions Insight—Governance. Washington, DC: World Bank. https://hdl.handle.net/10986/38499.

World Bank. 2022b. *New Approaches to Closing the Fiscal Gap*. LAC Semiannual Update. Washington, DC: World Bank. https://hdl.handle.net/10986/38093.

World Bank. 2023. *Interoperability: Towards a Data-Driven Public Sector*. Equitable Growth, Finance and Institutions Insight—Governance. Washington, DC: World Bank. https://doi.org/10.1596/38520.

CAPÍTULO 2

Un Marco Conceptual para la Analítica Gubernamental

INTRODUCCIÓN

Los Gobiernos de América Latina y el Caribe pueden profundizar en el uso de la analítica gubernamental para diseñar e implementar mejores políticas públicas. Para entender cómo hacerlo, los especialistas primero deben examinar el contexto más amplio que configura las iniciativas analíticas. En este capítulo se presenta un marco conceptual para evaluar la analítica gubernamental que describe cómo se pueden utilizar los datos y la analítica para mejorar los resultados de gobierno a través de la formulación de políticas basadas en evidencia y detalla las condiciones propicias para dicha analítica (gráfico 2.1).

Los países y las organizaciones gubernamentales de América Latina y el Caribe varían considerablemente en la medida en que analizan sus datos administrativos, los tipos de análisis que realizan y las metodologías que emplean, y las formas en que aplican la analítica para abordar los desafíos que implica la formulación de políticas. Por esta razón, el marco conceptual que se presenta en este capítulo está diseñado para poder generalizarse en diferentes contextos. El marco conceptual sirve de base para la descripción de las iniciativas analíticas en el capítulo 3 de este informe, el panorama empírico de la analítica en la región (capítulo 4) y las recomendaciones de política en el capítulo 5.

Al evaluar la labor analítica gubernamental de manera integral, los responsables de formular las políticas de la región pueden reflexionar sobre cómo están utilizando sus datos administrativos e identificar los pasos necesarios para aprovechar todo su potencial. Para que el marco conceptual sea más concreto e intuitivo, en este capítulo se presentan ejemplos reales de iniciativas analíticas extraídas de los estudios de casos del capítulo 3. En el apéndice C en línea también se incluye un ejemplo

---

Un paquete reproducible está disponible para este libro en el Repositorio de Investigación Reproducible en https://reproducibility.worldbank.org/index.php/catalog/209.

simulado que pone al lector en la posición de un analista que busca información sobre datos de recursos humanos. Los estudios de casos y el ejemplo simulado ofrecen una descripción general accesible de la analítica gubernamental y sus condiciones favorecedoras, pero se recomienda a los lectores interesados que consulten *The Government Analytics Handbook* para conocer los detalles más técnicos de la implementación.

El *Handbook (Rogger* y Schuster, 2023), brinda una orientación analítica exhaustiva sobre las funciones de gobierno y sistemas de información específicos, como la gestión de recursos humanos, las adquisiciones y la gestión de las finanzas públicas.

GRÁFICO 2.1 Un marco conceptual para la analítica gubernamental: Resultados

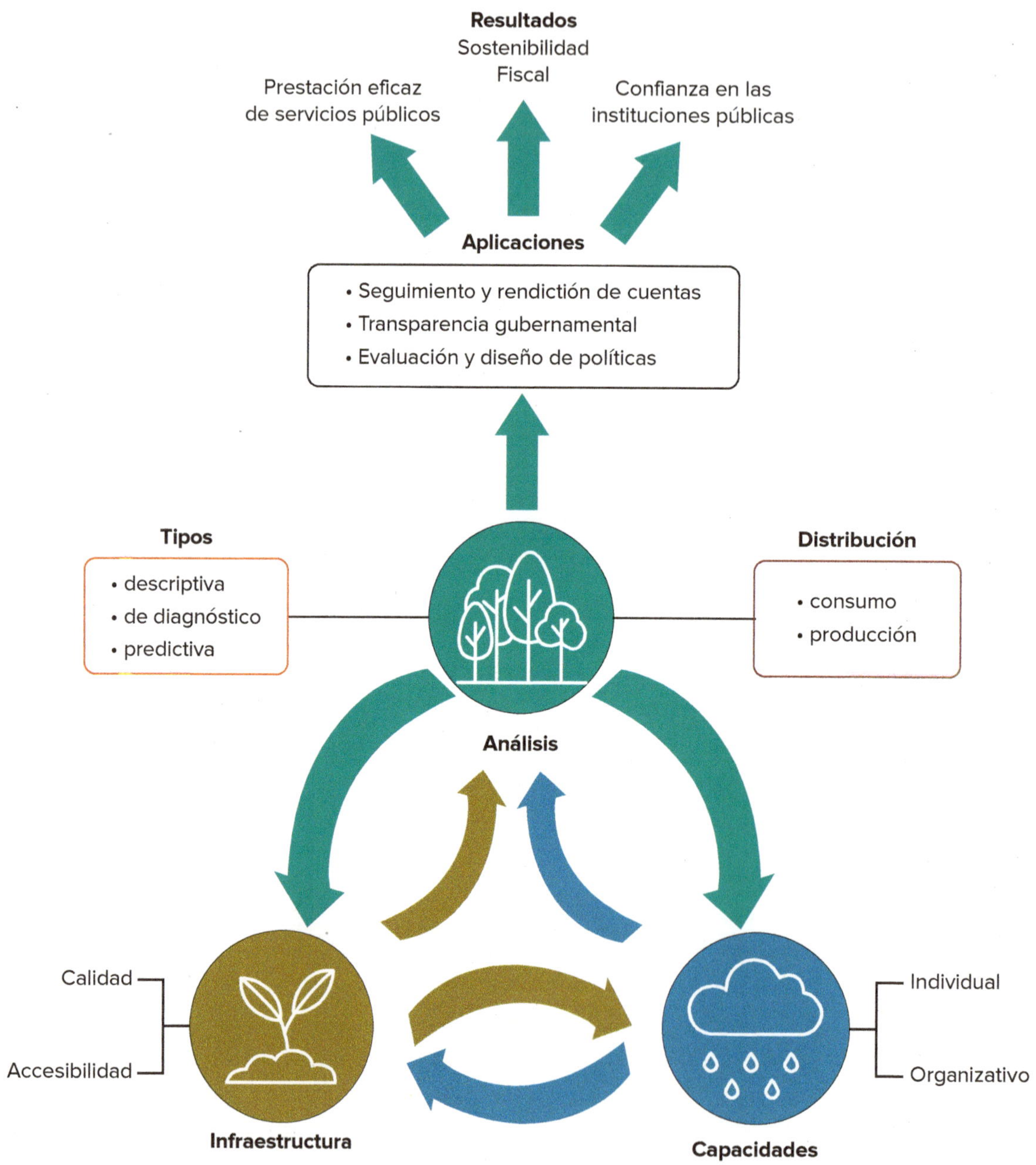

Fuente: Gráfico original de esta publicación.

Para diseñar el marco conceptual, en este capítulo se toman como base los datos obtenidos en informes de investigación y de políticas, así como instrumentos de encuestas que miden el grado de preparación digital de los Gobiernos (por ejemplo, la encuesta sobre gobierno digital de la Organización para la Cooperación y el Desarrollo Económicos, la encuesta de las Naciones Unidas sobre gobierno electrónico, el índice de madurez del GovTech del Banco Mundial y la herramienta de análisis de los sistemas de seguimiento y evaluación de la Iniciativa Mundial de Evaluación). De esta manera, el capítulo conecta la analítica conceptual y empírica de este informe con unprograma de políticas más amplio sobre el uso de la tecnología gubernamental en la administración pública y sobre los factores que posibilitan la tecnología gubernamental y sus complementos analógicos, que se desempeñan como factores habilitantes para las tecnologías digitales (Banco Mundial, 2016, 2020, 2021, 2022b). El marco conceptual que se presenta en este capítulo permite que la analítica gubernamental sea concreta y viable, y ofrece a los Gobiernos una hoja de ruta para aplicar sus conceptos en la práctica.

La analítica gubernamental debe desarrollarse y aplicarse estratégicamente, en respuesta a problemas, demandas y necesidades reales. En la primera mitad de este capítulo se examina cómo funciona la analítica: qué tipos de analíticas pueden realizar los Gobiernos, cómo se pueden utilizar las analíticas para orientar la formulación de políticas y la toma de decisiones, y cómo se produce y utiliza la analítica dentro de la administración pública. En la segunda mitad se establecen las condiciones propicias para la producción y el uso de la analítica: la capacidad analítica y la infraestructura de datos que hacen posible el análisis de los datos administrativos y garantizan que puedan utilizarse para abordar los desafíos de la formulación de políticas en toda la administración pública. La creación de estas condiciones es esencial para que la analítica forme parte de la cultura de toma de decisiones de la administración pública y para profundizar la formulación de políticas basadas en evidencia.

¿CÓMO LA ANALÍTICA GUBERNAMENTAL MEJORA EL FUNCIONAMIENTO DEL GOBIERNO?

Con el objetivo de entender cómo los Gobiernos utilizan los datos para mejorar su funcionamiento, en este capítulo se identifican primero los *tipos* de analítica que se llevan a cabo, cómo se *aplica* la analítica en el trabajo y cómo se *distribuye* la analítica entre las partes interesadas dentro y fuera de la administración pública.

¿Qué tipos de analítica realizan los Gobiernos?

La analítica gubernamental puede dar lugar a muchos tipos de iniciativas. La analítica puede ayudar a los servidores públicos a diseñar un programa de recordatorio para reducir la pérdida de citas médicas

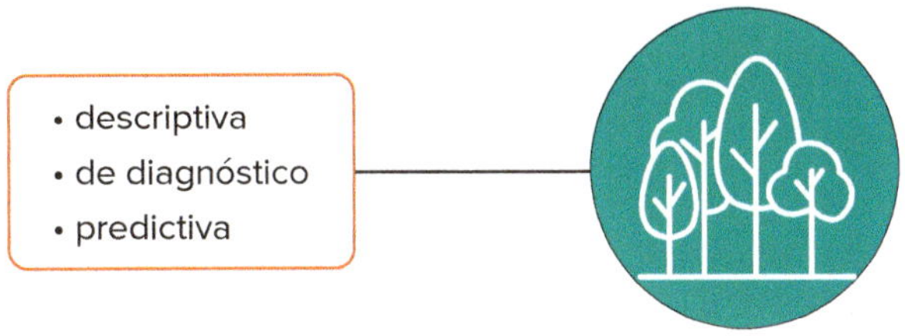

(estudio de caso 3.1) o ayudar a los funcionarios de adquisiciones a realizar su trabajo de manera más eficaz (estudio de caso 3.7). Incluso podría servir de fundamento para la creación de una "ciudad inteligente" (estudio de caso 3.8). La complejidad y los objetivos de estas iniciativas varían ampliamente, pero los expertos en datos suelen clasificar a analítica de datos en tres tipos: *descriptiva, de diagnóstico* y *predictiva* (véase, por ejemplo, a Cote, 2021).[1]

Analítica descriptiva

La analítica descriptiva es un tipo fundamental de analítica. En el contexto de la analítica gubernamental, se refiere al uso de datos para describir el sector público e ilustrar tendencias más amplias. También podría resumir y presentar datos para que los encargados de tomar decisiones puedan acceder a los conocimientos analíticos. En general, la analítica descriptiva responde a preguntas como las siguientes:

- ¿Qué pasó? (En las contrataciones públicas, por ejemplo: ¿Qué compró el Gobierno?)
- ¿Cuándo y con qué frecuencia ocurrió? (Por ejemplo: ¿Cómo se distribuyen las compras gubernamentales a lo largo del año?)
- ¿Dónde ocurrió? (Por ejemplo: ¿Cómo se distribuyen las contrataciones públicas entre las regiones?)
- ¿Cuáles son las principales características o rasgos de los datos? (Por ejemplo: ¿Cuál es el precio promedio de las contrataciones públicas realizadas por el Gobierno por tipo de producto?)

La analítica descriptiva de los datos administrativos implica la aplicación de técnicas estadísticas, que incluyen porcentajes y coeficientes desagregados, correlaciones simples que ilustran la relación entre las variables, y tabulaciones cruzadas que permiten la comparación de las variables. También se pueden utilizar herramientas de visualización de datos para comunicar los resultados del análisis a los responsables de formular políticas y al público en general a través de paneles, gráficos y mapas.

La analítica descriptiva es un primer paso esencial que pone a disposición de los formuladores de política la información y las evidencias analíticas, sentando así las bases para la formulación de políticas basadas en evidencia. En Chile, por ejemplo, el Ministerio de Salud diseñó un programa que redujo la pérdida de citas médicas e incrementó en alrededor de un 10 % el uso de la atención primaria entre la población destinataria mediante el uso de la analítica descriptiva para comprender mejor las características y necesidades de los pacientes que faltaban con mayor frecuencia a las citas (estudio de caso 3.1).

Analítica de diagnóstico

La analítica de diagnóstico se basa en la analítica descriptiva al tratar de comprender no solo *lo que* está sucediendo, sino *también por qué* está sucediendo. Mientras que la analítica descriptiva identifica e ilumina las tendencias en el sector público, la analítica de diagnóstico determina las causas de estas tendencias utilizando modelos estadísticos. En general, el análisis de diagnóstico responde a preguntas como las siguientes:

- ¿Por qué sucedió esto? (Por ejemplo: ¿Por qué hay poca competencia en las contrataciones públicas?)
- ¿Qué factores influyeron en este resultado? (Por ejemplo: ¿Qué influye en la competencia en las contrataciones públicas?)

La analítica de diagnóstico se basa en la analítica descriptiva y permiten a los funcionarios públicos identificar los mecanismos causales que explican las tendencias que observan en los datos. Por ejemplo, en Colombia, la Unidad de Científicos de Datos del Departamento Nacional de Planeación analizó datos de los sistemas de información de gestión de recursos humanos (HRMIS) utilizando una combinación de analítica descriptiva y de diagnóstico para comprender las causas de las diferencias salariales en el sector público y descubrió una brecha salarial de género de alrededor del 6 % entre los trabajadores temporales. Esto permitió al departamento evaluar el cumplimiento de facto de la ley contra la discriminación por motivos de género de Colombia e informar a la autoridad nacional pertinente para que pudiera actuar en función de los hallazgos (estudio de caso 3.2).

Analítica predictiva

La analítica predictiva es el tipo de analítica más compleja. Utiliza datos históricos y técnicas de elaboración de modelos estadísticos, sobre la base de la comprensión de los mecanismos causales, para hacer predicciones sobre lo que sucederá en el futuro y sobre la forma en que es probable que respondan las personas u organizaciones a las medidas e intervenciones. Estas predicciones permiten que los Gobiernos sean proactivos y comprendan de forma más profunda las consecuencias futuras de las decisiones actuales. En general, la analítica predictiva responde a preguntas como las siguientes:

- ¿Qué es probable que ocurra en el futuro? (Por ejemplo: ¿Cuánto es probable que gaste el Gobierno en cada sector en el futuro?)
- Cuál es la probabilidad de que ocurra un evento específico? (Por ejemplo: ¿Qué probabilidades hay de que se renegocie un contrato?)

La analítica predictiva se basa en la analítica descriptiva y de diagnóstico, dado que combina un panorama basado en datos del estado actual del sector público (proporcionado mediante la analítica descriptiva) con un conocimiento profundo de los mecanismos causales que impulsan las tendencias (proporcionado por la analítica de diagnóstico) para formular predicciones fundamentadas.

Para ver ejemplos de distintos tipos de análisis en los que se utilizan datos administrativos, véanse los capítulos 10 a 12, 14 y 15 de *The Government Analytics Handbook*.

GRÁFICO 2.2 Ahorro fiscal acumulado en tres escenarios de política de masa salarial, Brasil, 2019-30

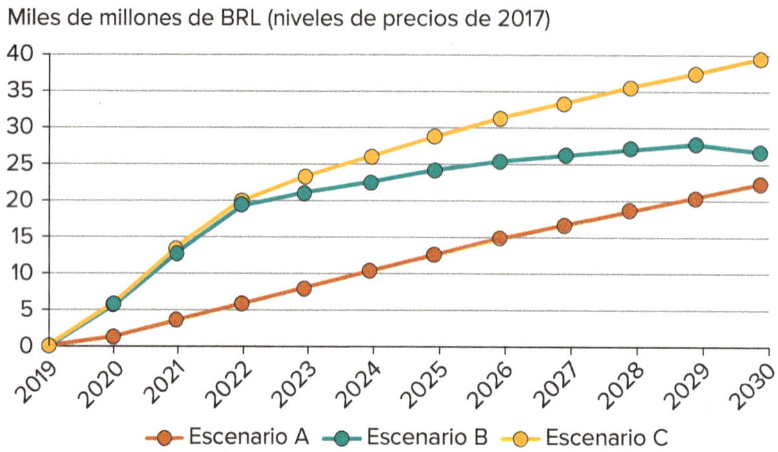

Fuente: Tavares, Ortega Nieto y Woodhouse, 2023, a partir de datos del Gobierno brasileño de 2019.

Por ejemplo, el Gobierno federal de Brasil y el Banco Mundial utilizaron la analítica predictiva para proyectar la masa salarial pública en diferentes escenarios de la política. En estas proyecciones se tuvo en cuenta el crecimiento de la plantilla, la progresión salarial y otros factores para simular el crecimiento de los gastos salariales, al tiempo que se modelaban los efectos de la reducción del crecimiento salarial, la suspensión de contrataciones y otras políticas (gráfico 2.2). Estas proyecciones sirvieron de base para rediseñar la política salarial del Gobierno federal de Brasil y proporcionaron una justificación clara de los ajustes salariales para evitar una crisis fiscal (Tavares, Ortega Nieto y Woodhouse, 2023).

La clasificación de las diferentes iniciativas analíticas en descriptivas, de diagnóstico o predictivas ayuda a los profesionales a comprender mejor cómo cada tipo de analítica complementa a los demás. Por ejemplo, los resultados de la analítica descriptiva pueden poner de relieve la necesidad de un análisis más profundo a través de la analítica de diagnóstico o predictiva. Del mismo modo, un tablero bien diseñado que ayude a los usuarios a visualizar e interpretar las tendencias en los datos (analítica descriptiva) podría mejorarse con funcionalidades que ayuden a evaluar los posibles resultados de diferentes escenarios (analítica predictiva). Los gobiernos necesitan capacidades e infraestructura más sofisticadas para llevar a cabo análisis más avanzados. Sin embargo, la analítica descriptiva puede ser suficiente para las preguntas que requieren mediciones directas para responder, y también proporciona la base de alta calidad necesaria para tareas analíticas más complejas. Por ejemplo, el análisis descriptivo permitió a la organización juvenil anticorrupción reAcción Paraguay hacer un seguimiento del gasto del Gobierno en las escuelas, lo que aumentó la rendición de cuentas del Gobierno ante los ciudadanos (estudio de caso 3.3).

Los Gobiernos deben reconocer los tipos de analíticas que ya pueden producir, así como identificar los próximos pasos para fortalecer su capacidad e infraestructura para análisis más complejos, sin perder de vista el tipo de preguntas que serán útiles para los formuladores de políticas. Cada tipo de análisis cumple el objetivo general de transformar los datos brutos en información procesable, cada tipo de analítica depende de las demás, y cada tipo de analítica puede aplicarse para fortalecer el funcionamiento del Gobierno.

¿Cómo aplican los Gobiernos la analítica?

Una vez evaluados los tipos de analíticas que realiza un Gobierno, se puede centrar la atención en *cómo* se aplican las analíticas para mejorar el diseño y la implementación de las políticas. En el marco conceptual del informe se identifican tres aspectos generales de las aplicaciones de la analítica gubernamental para: permitir el *seguimiento y la rendición de cuentas,* para aumentar *la transparencia de los Gobiernos* y contribuir a *la evaluación y el diseño de políticas.*

Seguimiento y rendición de cuentas

La primera aplicación de la analítica gubernamental que se analiza aquí es para facilitar el *seguimiento y la rendición de cuentas.* La analítica se puede utilizar para informar sobre el status quo dentro de la administración pública, monitorear tendencias, hacer un seguimiento del progreso hacia los objetivos y retener a los funcionarios públicos responsables. Por ejemplo, la analítica se puede utilizar para diseñar herramientas destinadas a identificar fraude y corrupción. En el ámbito de las adquisiciones, esto podría significar la implementación de un sistema que señale las irregularidades en los contratos de licitación (estudio de caso 3.11).[2] Como otro ejemplo, en Uruguay, la Oficina Nacional del Servicio Civil está desarrollando una plataforma en línea de gestión de recursos humanos que permitirá planificar estratégicamente la fuerza laboral al hacer más accesible a los encargados de tomar decisiones la información sobre la composición de la fuerza laboral del sector público, sus habilidades y competencias, y las futuras necesidades de capital humano (estudio de caso 3.4).

Para utilizar con éxito la analítica en el monitoreo y la rendición de cuentas, los Gobiernos deben tener presente la comunicación. El uso de la analítica para el monitoreo puede generar una desconfianza generalizada entre los funcionarios públicos, especialmente si los Gobiernos no comunican claramente cómo se utilizarán los datos. La comunicación deficiente puede fomentar la percepción de que la analítica es un instrumento de control y no un medio para promover la rendición de cuentas y la eficiencia, lo que dificulta la introducción eficaz de innovaciones analíticas en el sector público.

Para ver ejemplos de cómo se puede utilizar la analítica para el monitoreo y la rendición de cuentas a fin de reducir la corrupción, véase el capitulo 8 de *The Government Analytics Handbook.*

Transparencia gubernamental

La segunda aplicación de la analítica gubernamental que se analiza en esta sección es el aumento de la *transparencia gubernamental.* Cuando los ciudadanos tienen acceso a información procesable sobre el funcionamiento del Gobierno (por ejemplo, a través de un portal o tablero de información que permite hacer el seguimiento de la prestación de servicios o de la inversión pública en diferentes regiones de un país), están facultados para exigir cuentas al Gobierno, identificar cuestiones normativas, comunicar sus prioridades y promover cambios.

La organización reAcción Paraguay demuestra cómo la movilización ciudadana, potenciada por los datos disponibles públicamente del sistema de adquisiciones electrónicas del país, sacó a la luz la mala gestión de los fondos públicos, ayudó al Gobierno a mejorar la asignación de los recursos públicos y generó el impulso necesario para que la implementación y la gestión de los programas públicos fueran más transparentes y responsables ante la ciudadanía (estudio de caso 3.3). El uso de la analítica para aumentar la transparencia gubernamental está en estrecha consonancia con los objetivos de las políticas sobre gobierno abierto, datos de libre acceso y participación ciudadana (Banco Mundial, 2022a).

Evaluación y diseño de políticas

La última aplicación de la labor analítica gubernamental analizada aquí es para orientar la *evaluación y el diseño de políticas.* El uso de la analítica para la evaluación de políticas es un tema que va en aumento y tiene amplias aplicaciones en diferentes áreas del Gobierno (véase, por ejemplo, a Legovini y Jones, 2021). Los actores externos también pueden contribuir a estas aplicaciones. Otorgar acceso a los datos administrativos a las instituciones de investigación y a las universidades no solo aumenta la transparencia, sino que también puede impulsar una agenda de investigación para ayudar a los formuladores de políticas a investigar los efectos de las políticas existentes, evaluar su eficacia en función de los costos y comprender mejor los mecanismos que subyacen a sus efectos.

El análisis de datos administrativos puede ser una opción de bajo costo para la evaluación de políticas, ya que podría superar la falta de datos de referencia para los programas de larga duración (Barca y otros, 2023). Por ejemplo, investigadores que trabajaban con la autoridad tributaria en Ecuador analizaron datos fiscales para evaluar una intervención de política en la que se notificaba a las empresas sobre discrepancias en los ingresos en sus informes fiscales, lo que demostraba en qué condiciones la política era eficaz para aumentar la recaudación del impuesto a las sociedades (estudio de caso 3.5).

La analítica gubernamental también puede orientar la formulación y el diseño de nuevas políticas. La analítica puede integrarse en el diseño de los programas para ayudar a los Gobiernos a aprovechar los recursos existentes de manera eficiente, garantizando que los programas sean eficaces en función de los costos antes de su implementación más amplia. En Guatemala, el Ministerio de Educación puso en marcha de manera experimental un programa que incorpora la analítica para mejorar la prestación de servicios educativos. Mediante el uso de la analítica predictiva para elaborar listas de estudiantes en riesgo de abandonar la escuela, el ministerio permitió al personal escolar identificar y apoyar a estos estudiantes. En una evaluación de impacto del programa se midió su eficacia en unas pocas escuelas del país antes de que se extendiera a todo el país (estudio de caso 3.6).

¿Cómo se distribuye la analítica gubernamental?

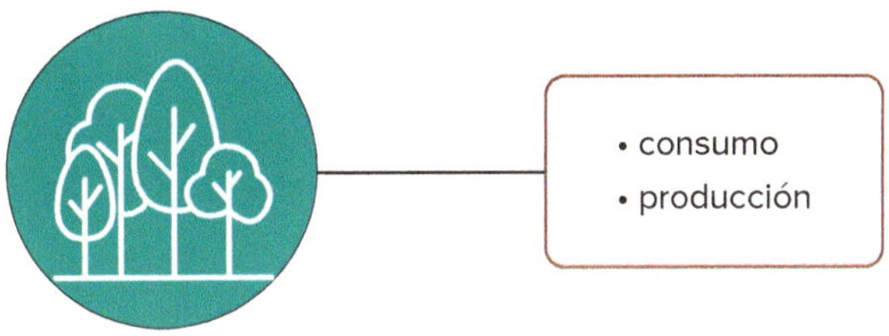

Incluso si la analítica gubernamental es muy avanzada y sus objetivos están claramente definidos, no contribuirá a mejorar el funcionamiento del gobierno, a menos que sea utilizado activamente por formuladores de políticas y otras partes interesadas. Para evaluar el impacto de la analítica es necesario comprender el alcance de su *consumo* y *producción,* lo que incluye identificar a los usuarios actuales y potenciales de los productos analíticos. Para tener impacto, los análisis deben producirse en respuesta a una necesidad normativa específica identificada por sus consumidores.

Consumo

El primer factor que se tiene en cuenta aquí es quién *consume* productos analíticos en el sector público y por qué. Comprender el consumo de analíticas permite identificar si el conocimiento que se genera es relevante para las personas que lo utilizan y, por lo tanto, si es útil para tomar decisiones críticas. Por ejemplo, los análisis de las trayectorias de aprendizaje de los estudiantes de primaria podrían ayudar a un organismo de desarrollo en la primera infancia a perfeccionar sus decisiones pedagógicas, pero podrían no ser pertinentes (sobre todo a corto plazo) para un organismo de educación superior.

Al mismo tiempo, distintos agentes de gobierno pueden utilizar los mismos productos analíticos para distintos fines. Por ejemplo, los políticos podrían utilizar la analítica para diseñar leyes y políticas más eficaces, mientras que los administradores del sector público podrían utilizarla para evaluar el desempeño de sus departamentos. Entender quiénes utilizan un producto analítico y adaptar el producto en respuesta a sus comentarios es fundamental para garantizar que la analítica siga siendo pertinente para las necesidades de los responsables de formular políticas. Del mismo modo, adoptar una visión amplia de los posibles consumidores de productos analíticos puede ayudar a los Gobiernos a comprender la necesidad de contar con evidencias entre los distintos responsables de la toma de decisiones en la administración pública, permitiéndoles identificar oportunidades para encontrar soluciones analíticas, orientarlas e implementarlas de manera más adecuada.
La analítica tiene más impacto cuando los formuladores de políticas solicitan la evidencia que necesitan y la utilizan para formular políticas y orientar decisiones críticas, lo que requiere una cultura más profunda de toma de decisiones basada en evidencia.

Al comprender y responder a las necesidades operativas existentes, los analistas pueden incluso descubrir nuevos usos para las analíticas existentes. Por ejemplo, el equipo de impuestos de la Secretaría de Finanzas del estado de Rio Grande do Sul, en Brasil, desarrolló un algoritmo que utiliza los datos fiscales de las facturas electrónicas de las empresas para estimar los precios de referencia del mercado.

Inicialmente, este algoritmo cumplía una función descriptiva dentro de la unidad tributaria. Sin embargo, su valor aumentó considerablemente cuando se compartió con los equipos de adquisiciones, quienes pudieron utilizar la información de precios de referencia del mercado para mejorar sus estrategias de negociación, lo que condujo a una reducción significativa (13,2 %) en el precio de los bienes adquiridos (estudio de caso 3.7). Cuando los productos analíticos son compartidos y adaptados por los productores para satisfacer las necesidades de los consumidores, se pueden descubrir nuevos tipos y aplicaciones de la analítica.

Para obtener una reseña de cómo los formuladores de politicas pueden utilizar y difundir los productos analiticos, véanse los capítulos 25 y 26 de *The Government Analytics Handbook.*

Producción

El segundo elemento que se examina aquí es la frecuencia con la que los organismos *elaboran* analíticas. Incluso las analíticas de alta calidad que tanto se necesitan, si se producen de forma intermitente o cuando ya es demasiado tarde para orientar las decisiones de políticas, no serán útiles para los responsables de la toma de decisiones.

Por ejemplo, imaginemos un organismo que produce analíticas predictivas sobre la evolución de la masa salarial del Gobierno, pero lo hace solo cuando ya es demasiado tarde para aportar información para las discusiones presupuestarias.

Se pueden identificar tres tipos diferentes de producción de analítica. Las analíticas se pueden realizar *ad hoc,* en forma de ejercicios individuales en respuesta a solicitudes únicas. También se puede producir de manera más regular y *burocrática*, para cumplir con las normativas, leyes y regulaciones existentes. Por último, la analítica se puede producir *estratégicamente,* en forma de productos analíticos continuos que respondan a un plan estratégico general para satisfacer las necesidades de la organización y responder a las demandas en tiempo real.

Un enfoque estratégico para producir analíticas es esencial para poner información útil en manos de los responsables de la toma de decisiones cuando más la necesitan. Si los organismos elaboran análisis con un cronograma periódico, es más fácil divulgar la información a quienes la necesitan e integrar la evidencia en los procesos de toma de decisiones existentes. La elaboración estratégica de analíticas también ayuda a los responsables de la toma de decisiones a pensar de manera proactiva acerca de la evidencia que necesitan para orientar las políticas y las reformas, e incluso puede ayudarlos a identificar problemas u oportunidades que de otro modo no notarían, lo que facilita la elaboración de analíticas más complejas.

Por ejemplo, el monitoreo continuo de los indicadores de salud permitió al Ministerio de Salud de Chile descubrir que los pacientes que más necesitan controles médicos periódicos — aquellos con enfermedades crónicas— acuden con mayor frecuencia a consultas de atención primaria, un problema que no se había identificado previamente. Esta información permitió al ministerio tomar las medidas adecuadas para abordar el problema (estudio de caso 3.1).

¿Cómo interactúan los tipos, las aplicaciones y la distribución de la analítica?

Lo que constituye la analítica debe desglosarse con este nivel de detalle porque es posible aplicar cada uno de los usos de la analítica gubernamental (facilitar el monitoreo y la rendición de cuentas, aumentar la transparencia del gobierno y apoyar la evaluación y el diseño de políticas) mediante tipos de analítica descriptiva, de diagnóstico y predictiva. También es posible implementarlos en diferentes escalas de producción y consumo: un proyecto analítico puede estar dirigido a una agencia gubernamental específica o tener como objetivo alcanzar a una audiencia a nivel de todo el gobierno, incluyendo a los gestores públicos y a los responsables políticos.

Por ejemplo, consideremos un panel de control que rastrea datos sobre la prestación de servicios. Se trata de una aplicación de analítica descriptiva, pero puede ser utilizada de manera diferente por distintos actores. Una agencia gubernamental podría usar el tablero para monitorear su propia eficiencia, mientras que una organización de vigilancia podría emplearlo para evaluar la transparencia del

Gobierno, y los formuladores de políticas podrían consultarlo al tomar decisiones presupuestarias. Por esta razón, quienes trabajan en este campo deben considerar los tipos, aplicaciones y formas de difusión de la analítica gubernamental para describirla de manera integral.

Estas dimensiones independientes de la analítica también interactúan. Los Gobiernos deben adaptar los tipos de analítica que producen a las necesidades operativas de sus usuarios actuales y potenciales. Del mismo modo, deben considerar cómo los diferentes tipos y aplicaciones de la analítica pueden apoyarse unos con otros, especialmente cuando los productos analíticos se producen, comparten y mejoran regularmente. Sin embargo, comprender cómo se producen y consumen los diferentes tipos de analítica dentro de la administración pública y cómo se aplican para abordar los diferentes desafíos de la formulación de políticas ilustra solo una parte del ecosistema general de la analítica gubernamental. La analítica también interactúa con sus condiciones propicias: los factores subyacentes que hacen posible los proyectos analíticos y los ayudan a mejorar el funcionamiento del Gobierno. En la siguiente sección se analizan dos condiciones esenciales que propician la analítica gubernamental: la capacidad analítica y la infraestructura de datos.

¿QUÉ CONDICIONES FAVORECEDORAS RESPALDAN LA ANALÍTICA GUBERNAMENTAL?

Comprender cómo se ve la analítica en la administración pública —incluyendo los tipos de analítica que se generan y cómo se aplican—brinda un punto de partida para explorar en mayor profundidad las condiciones habilitantes de la analítica. ¿Qué factores hacen posible la analítica gubernamental y permiten que tenga un impacto en la mejora de la toma de decisiones y las políticas públicas? Al definir e identificar estos factores, los Gobiernos pueden identificar oportunidades para fortalecer capacidades en las direcciones señaladas en la sección anterior: avanzar hacia una mayor diversidad de tipos de analítica, una producción más intensiva y estratégica de analítica y una aplicación más amplia por parte de los responsables de la toma de decisiones, todo ello garantizando que la analítica siga siendo impulsada por problemas concretos y relevantes para las necesidades de los formuladores de políticas.

En primer lugar, se examinan las capacidades analíticas que necesitan los Gobiernos, centrándose en las estrategias y medidas tanto a nivel institucional como individual para promover y mantener el uso de la analítica. En segundo lugar, se considera que la *infraestructura* de datos garantiza que los datos sean de alta calidad y de fácil acceso para los equipos de análisis y los responsables de la toma de decisiones (gráfico 2.3).

GRÁFICO 2.3 Condiciones propicias para la analítica gubernamental

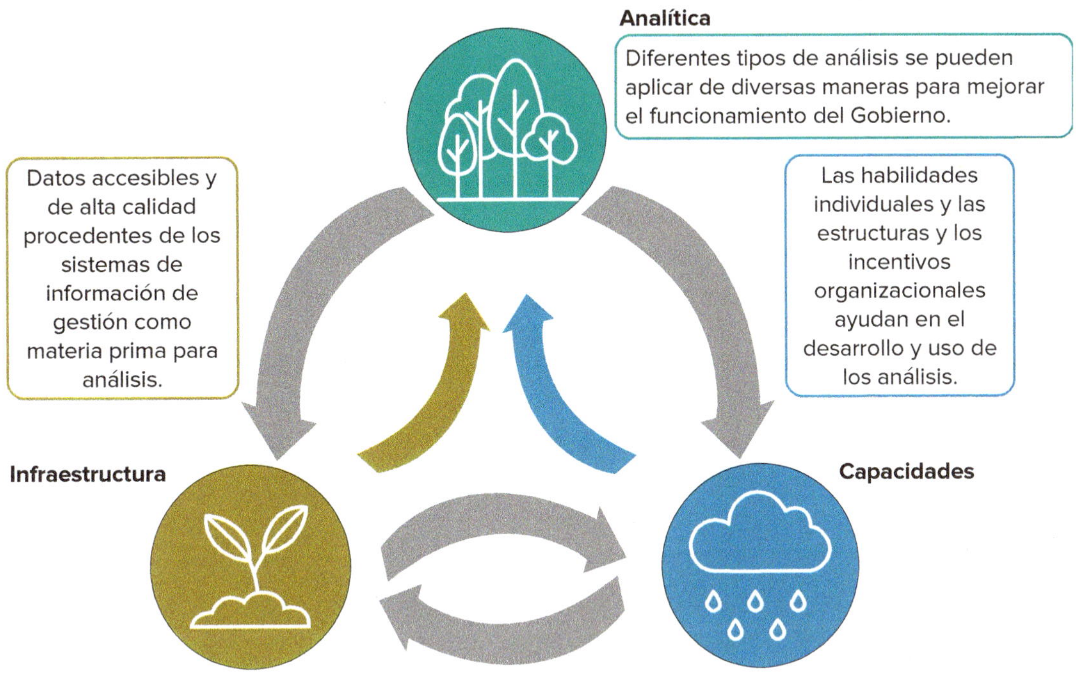

Fuente: Gráfico original de esta publicación.

¿Qué capacidad analítica posee el Gobierno?

Las capacidades fundamentales necesarias para el análisis de datos y la formulación de políticas basadas en evidencia no se limitan únicamente a las habilidades individuales, sino que también incluyen las estructuras institucionales y los incentivos que respaldan el desarrollo y el uso de los conocimientos analíticos. Por lo tanto, las capacidades analíticas pueden clasificarse como organizacionales o *individuales.*

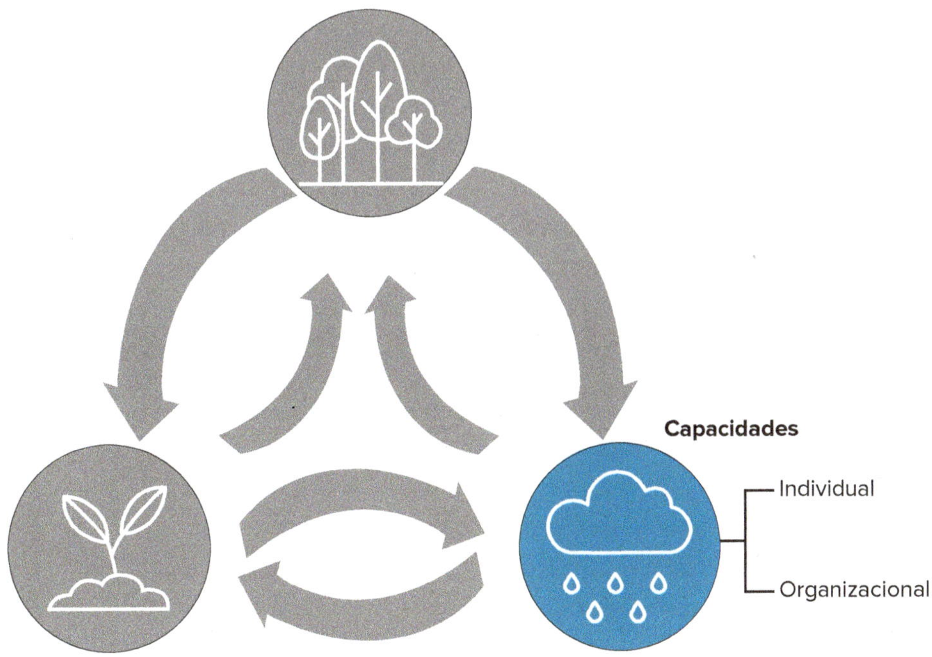

Capacidades organizacionales

Las estructuras, los incentivos y las estrategias a nivel organizacional desempeñan un papel fundamental en la promoción y el mantenimiento del uso de la analítica como herramienta clave para la toma de decisiones. Las unidades analíticas específicas, los incentivos para respaldar los proyectos analíticos y las estrategias para colaborar con actores externos crean condiciones en las que los responsables de la toma de decisiones tienen fácil acceso a analítica de calidad cuando lo necesitan. En general, los Gobiernos que invierten de manera proactiva en sus capacidades analíticas tienen mayor probabilidad de utilizar los datos de manera eficaz (Pew Charitable Trusts, 2018).

Las unidades analíticas específicas son fundamentales para promover la producción de análisis y garantizar que la información analítica se alinee estrechamente con las necesidades operativas, como se analizó en la sección anterior. Estas unidades no solo centralizan los conocimientos especializados, sino que también promueven un enfoque más cohesivo y ágil en el uso de los productos analíticos para abordar los desafíos en materia de políticas. Sin ellas, los esfuerzos de análisis tienden a ser ad hoc, lo que dificulta la producción estratégica y constante de analítica que satisfagan las demandas de la organización y las necesidades de los responsables de la toma de decisiones.

Las unidades analíticas pueden organizarse de manera centralizada, con una única agencia analítica del Gobierno responsable de generar análisis de las diversas funciones de gobierno y sistemas de información en respuesta a las necesidades y demandas de los distintos organismos. Por ejemplo, la Agencia analítica de Datos Ágata en Bogotá, Colombia, es responsable de generar conocimientos en diferentes áreas de políticas, incluidas la salud y las finanzas públicas, para apoyar la transformación de Bogotá en una "ciudad inteligente" (estudio de caso 3.8).

Como alternativa, un Gobierno podría operar bajo un modelo descentralizado en el que los organismos individuales inviertan en la formación de sus propios equipos analíticos para satisfacer sus propias necesidades. Por ejemplo, en Perú, la Superintendencia de Aduanas y de Administración Tributaria (SUNAT) tiene su propia unidad de análisis. Esta unidad ha emprendido numerosos proyectos analíticos para mejorar el control y el cumplimiento tributario y aduanero, lo que constituye un elemento clave de la estrategia de la superintendencia para mejorar la eficiencia de la administración tributaria (estudio de caso 3.9). Mientras que las unidades de análisis centralizadas pueden lograr economías de escala al permitir equipos más grandes y diversos, las unidades descentralizadas pueden ofrecer conocimientos específicos del sector pertinentes para orientar mejor los productos analíticos. Independientemente de su organización, las unidades analíticas permiten a los Gobiernos institucionalizar la innovación y la experimentación analítica.

Los Gobiernos pueden alentar aún más el uso de la analítica de datos mediante incentivos — como programas de reconocimiento—y asignando fondos para la analítica. Las oportunidades de financiamiento interno para proyectos analíticos pueden motivar a los organismos y funcionarios públicos a explorar aplicaciones innovadoras de los datos y analítica. Los Gobiernos también pueden crear plataformas u organizar eventos para compartir las mejores prácticas, las herramientas y los éxitos, lo que pone de relieve la importancia de utilizar la analítica para mejorar los resultados. Por ejemplo, los Gobiernos de Ecuador y otros países de América Latina y el Caribe están organizando eventos especiales para los entusiastas de la analítica de datos. En estos "maratones de datos", los servidores públicos y otros miembros del público tienen acceso a datos administrativos, que utilizan para identificar preguntas pertinentes sobre políticas y producir analíticas que pueden utilizarse para orientar la formulación de políticas y mejorar el funcionamiento del Gobierno (estudio de caso 3.10).

Las estrategias para colaborar con actores externos también desempeñan un papel fundamental a la hora de fomentar un entorno propicio para la analítica. Estas estrategias pueden incluir asociaciones con investigadores, instituciones académicas, organizaciones sin fines de lucro u organizaciones multilaterales. Entre otras iniciativas, los Gobiernos pueden colaborar con dichas organizaciones a fin de obtener apoyo técnico para proyectos analíticos específicos, mejorar las prácticas de gestión de datos, participar en actividades de fortalecimiento de la capacidad analítica e incorporar nuevos métodos y productos analíticos en sus operaciones.

Para obtener orientación sobre cómo las reformas organizativas pueden facilitar la analítica gubernamental, consulte el capítulo 3 de *The Government Analytics Handbook.*

Capacidades individuales

Para desarrollar las capacidades analíticas individuales, los Gobiernos deben considerar cómo evaluar y fortalecer las habilidades analíticas de los servidores públicos, así como cómo contratar y retener analistas de datos. A menudo se necesita una combinación de conocimientos especializados y analíticos para garantizar que los productos analíticos sean pertinentes para los responsables de la toma de decisiones en un ámbito político concreto (Bhupatiraju y otros, 2023). Sin embargo, fomentar esta combinación de conocimientos especializados es un desafío para la gestión, especialmente en vista de la creciente especialización laboral.

En algunos contextos, puede ser posible capacitar a expertos en la materia, como especialistas en impuestos, para que realicen la analítica de datos en su campo. Otro enfoque consiste en crear grupos de trabajo (o agencias) que reúnan a expertos en áreas temáticas y analistas de datos para colaborar en la elaboración de productos analíticos. En este caso, los expertos en el área temática deben ser capaces de articular la evidencia que necesitan, comprender los conocimientos analíticos y aplicar la analítica para guiar su toma de decisiones. La opción de cuál de estos dos enfoques es mejor depende de las aptitudes y las capacidades organizativas de la que disponga la administración, en especial, si cuenta con unidades analíticas específicas.

Para elegir un enfoque, los Gobiernos también deben evaluar las habilidades analíticas de los servidores públicos de manera más amplia. Las herramientas de evaluación, como los exámenes, los grupos de discusión y las encuestas, pueden ayudar a determinar qué habilidades analíticas tienen o necesitan desarrollar los funcionarios públicos. Los gobiernos deben invertir en capacitación permanente en apoyo de estas aptitudes, ya que el proceso de creación de capacidad analítica requiere tiempo, mientras que la rotación del personal plantea un desafío para la sostenibilidad de las capacidades crecientes.

Los Gobiernos también deben evaluar sus prácticas de contratación y las oportunidades de avance profesional de los analistas de datos, para determinar si cuentan con funcionarios públicos adecuados capaces de utilizar los datos para la analítica. Los Gobiernos pueden señalar su compromiso con la analítica e incentivar a los analistas de datos capacitados para que se incorporen al sector público y permanezcan en él, estableciendo una carrera dedicada a los analistas de datos.

Contar con una trayectoria profesional específica también coloca a la administración pública en una posición más sólida para capitalizar el potencial de los datos administrativos y las nuevas tecnologías. Las investigaciones sugieren, por ejemplo, que las organizaciones gubernamentales que consideran que las habilidades técnicas o de datos son atributos clave al momento de contratar funcionarios públicos están mejor preparadas para integrar y utilizar las nuevas tecnologías para mejorar su eficacia operativa (Lember, Kattel y Tõnurist, 2018).

Además de desarrollar habilidades analíticas y contratar y retener analistas de datos, los Gobiernos deberían considerar iniciativas para fortalecer la capacidad de los encargados de tomar decisiones para utilizar productos analíticos. Mejorar los conocimientos y la capacidad de los responsables de la toma de decisiones para comprender los resultados de la analítica de datos, e identificar sus limitaciones, es fundamental para integrar eficazmente los resultadosanalíticos en los procesos de toma de decisiones (véase, por ejemplo, a Hjort et al. 2021; Mehmood, Naseer y Chen, 2024).

¿En qué estado se encuentra la infraestructura de datos del Gobierno?

Las capacidades organizacionales e individuales de los Gobiernos para emprender, gestionar y aplicar la analítica de datos y sus conocimientos son importantes, pero la analítica no conducirá a mejores resultados a menos que los datos en los que se basa sean de alta *calidad* y *accesibles* (Comisión de Formulación de Políticas Basadas en Evidencias de Estados Unidos, 2017).[3] Una gestión eficaz de los datos incluye la creación y el establecimiento de protocolos que garanticen la calidad, accesibilidad, interoperabilidad y pertinencia de los datos, junto con la supervisión de los organismos gubernamentales de estos protocolos. También es fundamental garantizar que los datos se utilicen de forma ética y transparente. Las leyes y regulaciones que garantizan que los ciudadanos controlen sus propios datos pueden fomentar la transparencia y aumentar la demanda de la analítica gubernamental entre los funcionarios públicos y los ciudadanos (Attard et al. 2015; Banco Mundial, 2021).

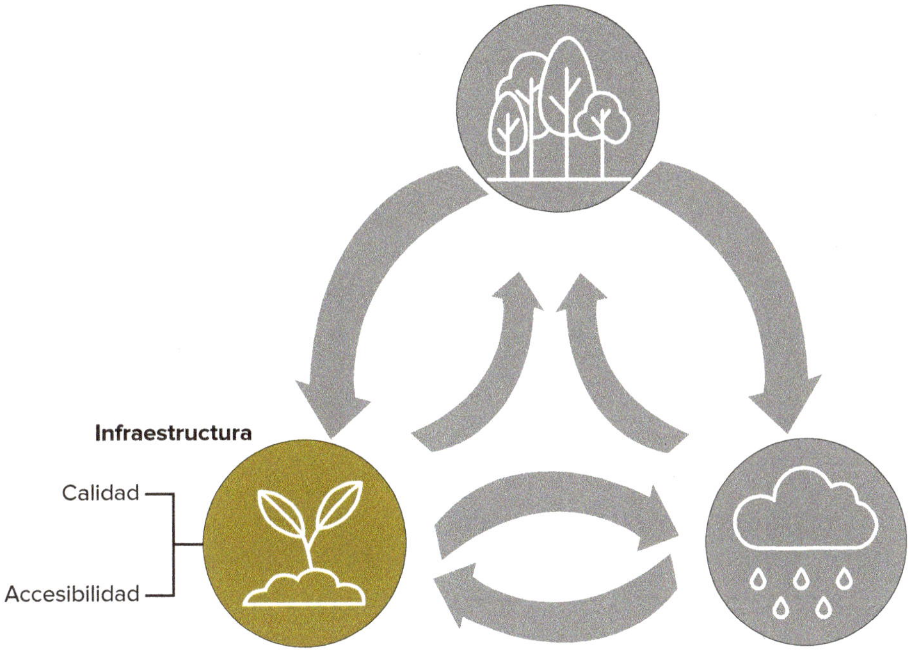

Calidad de los datos

Los datos de alta calidad son precisos (representan la realidad lo más fielmente posible), completos (no les falta ninguna información crítica), coherentes (se atienen a los mismos estándares y formatos en todos los registros y a lo largo del tiempo) y confiables (los análisis repetidos de los mismos puntos de datos producen resultados similares).

Establecer controles de calidad de los datos sólidos y sistemáticos es el primer paso para aprovechar los datos administrativos con fines analíticos. Por lo general, los sistemas de información de gestión funcionan como repositorios centrales de datos transaccionales: recopilan y procesan las operaciones diarias de las organizaciones gubernamentales. Por ejemplo, un sistema electrónico de contrataciones públicas registra los contratos de comprasgubernamentales, y un sistema de información de gestión de las finanzas públicas recopila datos sobre las asignaciones presupuestarias a los programas. Dado que los datos administrativos no suelen recopilarse ni compilarse con fines analíticos en mente, garantizar la calidad de estos datos y su disponibilidad para el análisis es particularmente importante a fin de asegurar la obtención de productos analíticos de alta calidad.

Los procesos para preparar los datos administrativos con fines analíticos requieren inversiones en infraestructura técnica, incluyendo software y hardware, así como personal cualificado. Una tarea fundamental como la de "limpiar" los datos implica, por ejemplo, identificar y corregir duplicados, observaciones corruptas, inexactitudes e inconsistencias. También es importante asegurar que los datos cumplan con formatos estandarizados para facilitar la armonización y la interoperabilidad entre distintos conjuntos de datos y sistemas de información.[4]

Por último, las técnicas de anonimización o seudoanonimización son necesarias para cumplir las normas de protección y privacidad de los datos.[5]

Vincular o integrar datos de diferentes fuentes a través de identificadores de datos comunes es otra forma de aumentar la pertinencia de los datos, hacerlos más utilizables e incrementar el impacto de los productos analíticos. Por ejemplo, el Banco Mundial, en colaboración con Gobiernos subnacionales de Brasil, desarrolló una novedosa herramienta basada en datos para mejorar la detección del fraude, la corrupción y la colusión en las contrataciones públicas. Esta herramienta, conocida como Sistema de Evaluación de Riesgos relacionados con la Gobernanza, depende de la integración de diversas fuentes de datos, incluidos los sistemas de e-Procurement y HRMIS, con información corporativa y de accionistas. El sistema de evaluación de riesgos resultó fundamental en la investigación de irregularidades en las adquisiciones en Brasil (estudio de caso 3.11).

Para conocer los principios y las orientaciones sobre el fortalecimiento de la infraestructura de datos, en particular los datos de los sistemas de información de gestión de recursos humanos y los sistemas de información de gestión de las finanzas públicas, véanse los capítulos 9 y 11 del Handbook of Government Analytics

Accesibilidad de los datos

Para que puedan influir en el funcionamiento del Gobierno, los datos de alta calidad deben ser accesibles y estar disponibles con prontitud. La accesibilidad de los datos significa que los servidores públicos pueden acceder regularmente a los datos pertenecientes a sus organizaciones, que los datos y los productos analíticos se compartan fácilmente dentro del Gobierno y que los datos se pongan a disposición del público, respetando al mismo tiempo los protocolos éticos y de confidencialidad.[6]

Cuando los datos son accesibles y de fácil acceso, permiten a analistas, responsables de la formulación de políticas e investigadores aprovechar una gran cantidad de información que puede servir para tomar decisiones. Por ejemplo, la Secretaría de Finanzas del estado brasileño de Rio Grande do Sul logró diseñar un algoritmo para orientar las adquisiciones apartir de datos administrativos que originalmente se habían recopilado a los fines de la tributación. La integración de los datos de los diferentes sistemas de información creó las condiciones para la colaboración entre las unidades, lo que dio como resultado un producto analítico innovador que redujo los precios de las contrataciones públicas en un 13,2 % (estudio de caso 3.7).

Los datos administrativos son valiosos no solo para analíticas internas, sino también para compartirlos externamente a fin de promover la transparencia, transformando los datos en un activo público. En este contexto, el movimiento de datos abiertos ha sido fundamental para facilitar el acceso público a los datos en favor de la transparencia y la participación cívica. Paraguay, por ejemplo, fue el primer país del mundo en crear un portal que adhiere al Estándar de Datos para las Contrataciones Abiertas de la Alianza para el Gobierno Abierto para la publicación y el acceso a datos sobre contratos gubernamentales y licitaciones públicas (Banco Mundial, 2018). Los datos de este portal potenciaron a la organización reAcción Paraguay a movilizar a los ciudadanos y ayudar al Gobierno a mejorar la asignación de los recursos públicos (estudio de caso 3.3). Cuando los datos son accesibles para el público, la transparencia, la rendición de cuentas y la confianza pública mejoran porque las acciones y políticas gubernamentales se pueden examinar y validar.

Estas posibles aplicaciones de los datos administrativos se ven obstaculizadas por los problemas de accesibilidad. Las incongruencias de los procedimientos y marcos jurídicos para el acceso y el intercambio de datos (tanto dentro del Gobierno como con terceros), junto con la falta de información sobre los conjuntos de datos disponibles y sus elementos, obstaculizan la colaboración y la innovación. Cuando los datos valiosos permanecen aislados dentro de las agencias gubernamentales, es difícil intercambiar información y reflejar el panorama completo de una política en particular.

Una forma de abordar estos desafíos es crear un proceso estandarizado que los analistas y los formuladores de políticas puedan utilizar para acceder a los datos administrativos. Esto implica, entre otras cosas, mejorar la forma en que se gestionan y documentan los datos. Por ejemplo, establecer un inventario de datos exhaustivo en el que se describen los conjuntos de datos y elementos disponibles dentro de los sistemas de información garantiza que los analistas y los responsables de formular políticas entiendan qué información existe. Además, los documentos de metadatos detallados en los que se pueden realizar búsquedas pueden ayudar a los usuarios a comprender las características de los datos, como los plazos, las unidades de medida y la cobertura. De este modo, los usuarios pueden evaluar la utilidad de los datos para abordar las cuestiones de política antes de acceder a ellos, de modo que puedan determinar si vale la pena acceder a ellos. Finalmente, se debe establecer un protocolo formal, bien documentado y fácil de aplicar para regular el acceso a los datos y su seguridad. Si hacen hincapié en la accesibilidad a los datos y simplifican los protocolos para su uso, los Gobiernos pueden mejorar notablemente sus productos analíticos.

¿Cómo interactúan la capacidad analítica y la infraestructura de datos?

Las condiciones propicias para la analítica gubernamental —las capacidades individuales e institucionales y la infraestructura de datos —son los ingredientes esenciales de todo proyecto analítico. Pero también son los factores que convierten a la administración pública un entorno propicio para la formulación de políticas basadas en evidencia en general: un lugar donde los servidores públicos conocen los datos que produce y utiliza el Gobierno, están en condiciones de identificar y emprender nuevos proyectos analíticos, y cuentan con las habilidades necesarias para usar conocimientos analíticos en la toma de decisiones, la implementación de políticas, y la prestación de bienes y servicios con mayor eficacia y eficiencia. La inversión en capacidades analíticas y en infraestructura de datos puede garantizar que la administración pública ofrezca este tipo de entorno.

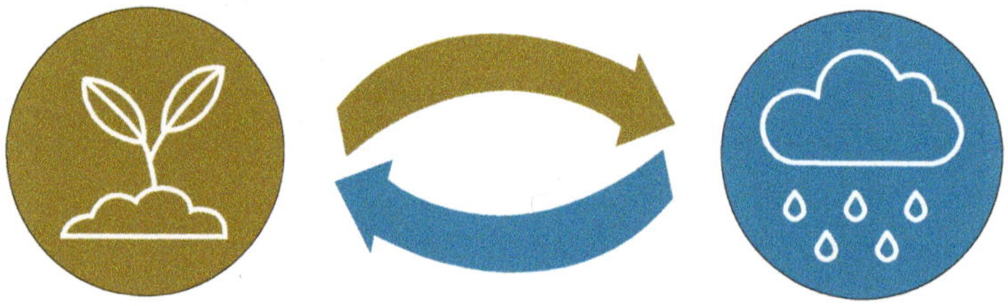

Estas condiciones propicias también se refuerzan mutuamente. La calidad y la accesibilidad de la infraestructura de datos se ven reforzadas por las competencias del personal que prepara los datos para la analítica y de las organizaciones que supervisan los protocolos de calidad y accesibilidad. Del mismo modo, una infraestructura de datos más sólida que vincula o integra datos de diferentes fuentes hace que más datos de buena calidad sean accesibles para las organizaciones y las personas, lo que les permite desarrollar aún más sus habilidades y realizar analíticas más complejas.

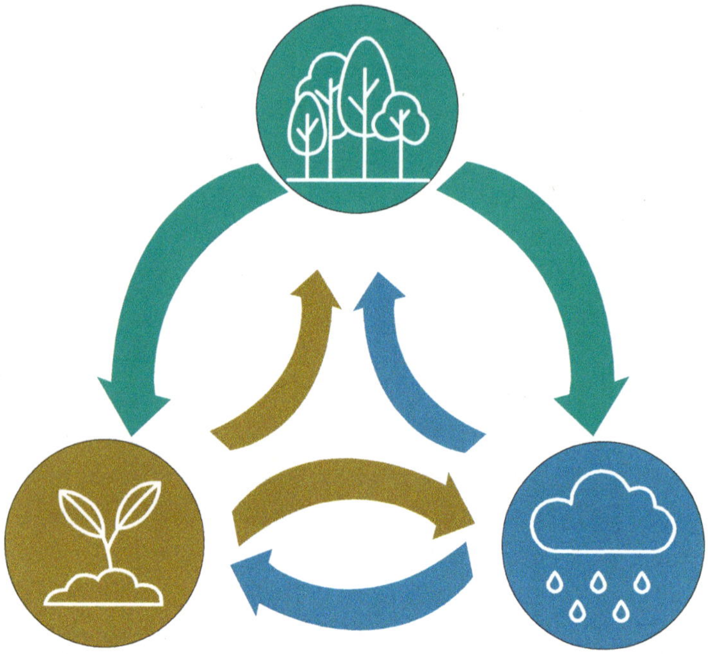

Sin embargo, no es necesario que los Gobiernos esperen a que se den las condiciones perfectas para comenzar a realizar análisis con datos administrativos. De hecho, como se ha mostrado en este capítulo, los buenos proyectos analíticos no solo aportan información útil para la toma de decisiones, sino que también ayudan a fortalecer las condiciones propicias para la analítica dentro de la administración pública. Los proyectos analíticos pueden ayudar a revelar las deficiencias de la infraestructura para los datos en que se basa el análisis, lo que permite introducir mejoras. Al mismo tiempo, emprender un proyecto analítico puede ayudar a las organizaciones a identificar las habilidades analíticas que su personal necesita desarrollar, así como las estructuras organizativas y los incentivos que harían que los proyectos futuros fueran más efectivos. Cuando los datos son elaborados regularmente por equipos especializados y consumidos por los responsables de la toma de decisiones que ofrecen comentarios, es más fácil identificar los próximos pasos para fortalecer aún más las condiciones propicias para la analítica. En el siguiente capítulo se examina cómo algunas iniciativas analíticas en América Latina y el Caribe han aprovechado y fortalecido la infraestructura de datos y las capacidades analíticas de la administración pública, mejorando al mismo tiempo el funcionamiento del Gobierno en diversas áreas de políticas.

NOTAS

1. Los expertos en datos suelen reconocer un cuarto tipo, conocido como *analítica prescriptiva*. Sin embargo, dada la superposición de definiciones con los otros tres tipos, en este informe no se trata este tema como una categoría separada.
2. Además de utilizarse para el seguimiento y la rendición de cuentas en sectores o ámbitos de política específicos, la analítica gubernamental también se puede aplicar a los sistemas de monitoreo (comúnmente conocidos como "monitoreo y evaluación") a nivel nacional. Los sistemas centralizados de monitoreo registran los avances respecto de los objetivos a mediano o largo plazo establecidos en las estrategias nacionales. Los datos gubernamentales representan una valiosa fuente de información para los sistemas nacionales de monitoreo, especialmente para medir cómo el funcionamiento de la administración pública contribuye al logro de objetivos de desarrollo más amplios.
3. Dada la disponibilidad de materiales de consultoría de alta calidad sobre infraestructura de datos, en esta sección del marco conceptual sólo se ofrece un panorama amplio de esta importante condición habilitante. Las notas contienen referencias a artículos complementarios que brindan los detalles necesarios para los lectores que deseen un análisis más completo de los temas tratados.
4. Para obtener más información sobre la interoperabilidad de los sistemas y la armonización de datos, véase *Interoperabilidad: Hacia un sector público basado en datos* (Banco Mundial, 2023).
5. Es importante señalar que, aunque los datos administrativos sean de alta calidad, es posible que no tengan una arquitectura que permita a las autoridades o a los investigadores utilizarlos eficazmente. Este problema reviste especial importancia en el caso de la información de identificación personal, ya que los archivos de datos a menudo deben cifrarse tanto en tránsito como en reposo para proteger la privacidad, lo que impone restricciones adicionales sobre la forma en que se administran y utilizan los datos. Compartir datos cifrados entre organismos puede ser problemático si no existen protocolos de cifrado estandarizados ni acuerdos sobre el acceso a los datos y su uso. Las autoridades responsables de la gestión de datos deben asegurarse de que existan reglas y procedimientos claros que faciliten la analítica y, al mismo tiempo, protejan la privacidad. Para obtener más información sobre la gobernanza de datos, véanse los capítulos 6 y 8 del *Informe sobre el desarrollo mundial 2021: Datos para una vida mejor* (Banco Mundial, 2021).
6. Para obtener información sobre instituciones, leyes y regulaciones para mejorar la accesibilidad de los datos, véase el Índice de *Madurez del GovTech 2022, Actualización: Tendencias en la transformación digital del sector público* (Banco Mundial, 2022a).

REFERENCIAS

Attard, Judie, Fabrizio Orlandi, Simon Scerri, and Sören Auer. 2015. "A Systematic Review of Open Government Data Initiatives." *Government Information Quarterly* 32 (4): 399–418. https://doi.org/10.1016/j.giq.2015.07.006.

Barca, Valentina, Madhumitha Hebbar, Charles Knox-Vydamov, and Ida Brzezinska. 2023. "We Have the Data, Let's Use It Better: Pushing the Boundaries of Social Protection Administrative Data Analysis and Use." Deutsche Gesellschaft für Internationale Zusammenarbeit (GIZ) GmbH, Bonn, Germany. https://socialprotection.org/sites/default/files/publications_files/GIZ-%20Use%20Admin%20Data%20Social%20Protection.pdf.

Bhupatiraju, Sandeep, Daniel Chen, Slava Jankin, Galileu Kim, Maximilian Kupi, and Manuel Ramos Maqueda. 2023. "Government Analytics Using Machine Learning." In *The Government Analytics Handbook: Leveraging Data to Strengthen Public Administration*, edited by Daniel Rogger and Christian Schuster, chap. 16. Washington, DC: World Bank. https://doi.org/10.1596/978-1-4648-1957-5.

Cote, Catherine. 2021. "4 Types of Data Analytics to Improve Decision-Making." *Business Insights* (blog), October 19, 2021. https://online.hbs.edu/blog/post/types-of-data-analysis.

Hjort, Jonas, Diana Moreira, Gautam Rao, and Juan Francisco Santini. 2021. "How Research Affects Policy: Experimental Evidence from 2,150 Brazilian Municipalities." *American Economic Review* 111 (5): 1442–80. https://doi.org/10.1257/aer.20190830.

Legovini, Arianna, and Maria Ruth Jones. 2021. "Administrative Data in Research at the World Bank: The Case of Development Impact Evaluation (DIME)." In *Handbook on Using Administrative Data for Research and Evidence-Based Policy*, edited by Shawn Cole, Iqbal Dhaliwal, Anja Sautmann, and Lars Vilhuber, chap. 14. Cambridge, MA: Abdul Latif Jameel Poverty Action Lab. https://admindatahandbook.mit.edu/book/v1.0-rc6/dime.html.

Lember, Veiko, Rainer Kattel, and Piret Tõnurist. 2018. "Technological Capacity in the Public Sector: The Case of Estonia." *International Review of Administrative Sciences* 84 (2): 214–30. https://doi.org/10.1177/0020852317735164.

Mehmood, Sultan, Shaheen Naseer, and Daniel L. Chen. 2024. "Training Policymakers in Econometrics." Unpublished manuscript, last modified January 2024. https://users.nber.org/~dlchen/papers/Training_Policy_Makers_in_Econometrics.pdf.

Pew Charitable Trusts. 2018. *How States Use Data to Inform Decisions: A National Review of the Use of Administrative Data to Improve State Decision-Making*. Philadelphia: Pew Charitable Trusts. https://www.pewtrusts.org/en/research-and-analysis/reports/2018/02/how-states-use-data-to-inform-decisions.

Rogger, Daniel, and Christian Schuster, eds. 2023. *The Government Analytics Handbook: Leveraging Data to Strengthen Public Administration*. Washington, DC: World Bank. https://doi.org/10.1596/978-1-4648-1957-5.

Tavares, Rafael Alves de Albuquerque, Daniel Ortega Nieto, and Eleanor Florence Woodhouse. 2023. "Government Analytics Using Human Resources and Payroll Data." In *The Government Analytics Handbook: Leveraging Data to Strengthen Public Administration*, edited by Daniel Rogger and Christian Schuster, chap. 10. Washington, DC: World Bank. https://doi.org/10.1596/978-1-4648-1957-5_ch10.

US Commission on Evidence-Based Policymaking. 2017. *The Promise of Evidence-Based Policymaking: Report of the Commission on Evidence-Based Policymaking*. Report to the President of the United States, Speaker of the House, and President of the Senate. https://www2.census.gov.mcas.ms/adrm/fesac/2017-12-15/Abraham-CEP-final-report.pdf.

World Bank. 2016. *World Development Report 2016: Digital Dividends*. Washington, DC: World Bank. https://doi.org/10.1596/978-1-4648-0671-1.

World Bank. 2018. "Paraguay: Systematic Country Diagnostic." World Bank, Washington, DC. https://documents1.worldbank.org/curated/en/827731530819395899/pdf/Paraguay-SCD-06292018.pdf.

World Bank. 2020. *Digital Government Readiness Assessment (DGRA) Toolkit V.31: Guidelines for Task Teams*. Version 3.0 (April 2020). Washington, DC: World Bank.

World Bank. 2021. *World Development Report 2021: Data for Better Lives*. Washington, DC: World Bank. https://www.worldbank.org/en/publication/wdr2021.

World Bank. 2022a. *GovTech Maturity Index, 2022 Update: Trends in Public Sector Digital Transformation*. Equitable Growth, Finance and Institutions Insight—Governance. Washington, DC: World Bank. https://hdl.handle.net/10986/38499.

World Bank. 2022b. *New Approaches to Closing the Fiscal Gap*. LAC Semiannual Update. Washington, DC: World Bank. https://hdl.handle.net/10986/38093.

World Bank. 2023. *Interoperability: Towards a Data-Driven Public Sector*. Equitable Growth, Finance and Institutions Insight—Governance. Washington, DC: World Bank. https://doi.org/10.1596/38520.

CAPÍTULO 3

Estudios de Casos de la Analítica Gubernamental en América Latina y el Caribe

INTRODUCCIÓN

El marco conceptual presentado en el capítulo anterior ofrece una visión de alto nivel de los distintos elementos que componen el ecosistema de la analítica gubernamental, que los profesionales pueden utilizar para comprender cómo las iniciativas analíticas consiguen mejorar el diseño y la aplicación de las políticas. Este capítulo aborda esta cuestión ofreciendo descripciones detalladas de 12 estudios de caso de iniciativas analíticas en América Latina y el Caribe, que abarcan diversos países y ámbitos políticos. Cada estudio de caso ofrece un ejemplo de cómo el gobierno y las organizaciones ciudadanas han utilizado los datos administrativos para generar evidencias para la toma de decisiones y el impacto significativo de estas evidencias en cómo se abordan los retos políticos. Los estudios de caso también analizan en que manera las condiciones propicias (infraestructura de datos y capacidades analíticas) han dado forma a estas iniciativas. Por ejemplo, el estudio de caso 3.9 describe cómo la autoridad tributaria de Perú creó una agencia analítica (capacidades organizacionales) para desarrollar analíticas predictivas sobre la evasión fiscal (tipos y aplicaciones de la analítica).

Los estudios de casos representan solo una pequeña parte de la diversa labor analítica que los servidores públicos de la región han llevado a cabo dentro de la administración pública. Estos grupos se identificaron mediante una combinación de revisión documental y entrevistas con funcionarios de gobierno y profesionales de organizaciones multilaterales. Luego, se seleccionaron los casos que se incluirían en el informe en función de su potencial para ilustrar conceptos analíticos, objetivos de políticas, desafíos y enseñanzas. En cada estudio de caso se pone de relieve la evidencia

Un paquete de reproducibilidad está disponible para este libro en el Repositorio de Investigación Reproducible en https://reproducibility.worldbank.org/index.php/catalog/209.

vinculada con el marco conceptual. Sin embargo, no todos los elementos del marco conceptual son pertinentes para todos los casos, por lo que solo se destacan algunos elementos y estudios de casos.

Los estudios de casos demuestran la amplia variedad de objetivos de política que pueden lograrse a través de la analítica gubernamental. La analítica puede orientar las decisiones en las diferentes etapas de la implementación del programa: permite identificar deficiencias y áreas de mejora (por ejemplo, el estudio de caso 3.2), probar posibles intervenciones antes de ampliarlas (por ejemplo, estudio de caso 3.6) y ayudar a definir los detalles de la implementación de nuevas políticas (por ejemplo, estudio de caso 3.12). Los proyectos analíticos no tienen que ser complejos para tener un impacto en la formulación de políticas, pero requieren tiempo para madurar y a menudo desarrollarse a través de un enfoque iterativo de prueba y error. Los Gobiernos deben tener en cuenta los ciclos temporales asociados con un enfoque de este tipo y fomentar un ecosistema propicio para ayudar al crecimiento de las iniciativas analíticas. En particular, las unidades de análisis específicas y las colaboraciones externas pueden ser estrategias eficaces para aprovechar las capacidades analíticas. La conexión de datos de diferentes sistemas de información también permite que estos se apliquen fuera de la función de gobierno que los generó, lo que constituye un argumento sólido a favor de la accesibilidad de los datos en todas las agencias gubernamentales.

Por último, los 12 estudios de caso presentados en este capítulo muestran que la analítica gubernamental puede desarrollarse en cualquier sector o agencia y en cualquier nivel de gobierno. No existe un enfoque único: una agencia analítica descentralizada y específica de un ministerio o una unidad multisectorial y centralizada puede permitir el uso de los datos para la analítica. El enfoque adecuado para la analítica gubernamental depende del contexto: los desafíos relacionados con la formulación de políticas, las necesidades en materia de toma de decisiones y los objetivos estratégicos.

ESTUDIO DE CASO 3.1: USO DE LA ANALÍTICA DESCRIPTIVA PARA REDUCIR EL NÚMERO DE CITAS MÉDICAS PERDIDAS (CHILE)

La pérdida de citas es un problema persistente y costoso para los sistemas de atención de salud. En Chile, se estima que los pacientes pierden entre el 10 % y el 20 % de todas las citas programadas, lo que supone una pérdida anual de aproximadamente USD 180 millones (Boone y otros, 2022; CNEP, 2022). Los pacientes con afecciones crónicas que requieren seguimiento y tratamiento continuos, como la hipertensión y la diabetes tipo 2, corren un riesgo particular si faltan a las citas, lo que puede aumentar las tasas de mortalidad y los costos de atención médica.

Para reducir la falta de citas médicas, el Ministerio de Salud de Chile (MINSAL) utilizó el análisis descriptivo para comprender mejor cómo las citas perdidas afectan el sistema de salud del país y elaborar un programa de respuesta. El MINSAL recurrió al Sistema de Información de gestión de Salud de Chile (HealthMIS), que incluye historias clínicas digitales de pacientes con datos demográficos, información de contacto, visitas médicas, prevalencia de la enfermedad y resultados de exámenes. En particular, el MINSAL comparó los datos de pacientes sobre citas faltantes con los datos sobre la prevalencia de la enfermedad. Mediante el análisis de estos datos, el MINSAL pudo entender mejor qué pacientes faltaban más a las citas y formular una política adaptada a las necesidades de esta población.

El MINSAL descubrió que los pacientes con afecciones crónicas —aproximadamente el 60 % de la población chilena (Margozzini y Passi 2018)— representaban una fracción significativa de las citas perdidas, por lo que respondió desarrollando un programa dirigido a ellos, la Mensajería para la Gestión de Citas en Pacientes Crónicos. A través de este programa, los pacientes con afecciones crónicas recibían recordatorios automáticos por mensaje de texto unos días antes de una cita programada, con opciones para confirmar, reprogramar o cancelar la cita. Al alentar a los pacientes a comunicarse con los centros de salud, el programa apuntaba no solo a reducir el número de citas perdidas, sino también a ayudar a las clínicas a administrar los horarios y asignar los recursos humanos de manera más eficiente.

El programa del MINSAL redujo eficazmente las citas perdidas en un 6 % y aumentó la probabilidad de utilizar los servicios de atención primaria en un 8,7 % para los pacientes con diabetes tipo 2 y en un 10,7 % para los pacientes con hipertensión (Boone y otros, 2022, 2023; CNEP, 2022). El programa también mejoró las conductas relacionadas con la salud: condujo a los pacientes a cumplir mejor los medicamentos prescritos y disminuyó las tasas de mortalidad intrahospitalaria.

Durante el desarrollo del programa, el MINSAL también descubrió nueva información sobre las causas de la falta de citas. Durante la implementación del sistema de recordatorios, el MINSAL encontró información de contacto faltante o incorrecta en los registros electrónicos que representaba alrededor del 20 % de las citas perdidas (CNEP, 2022). El descubrimiento subraya la importancia de implementar controles sistemáticos de calidad de los datos en los sistemas de información.

La iniciativa del MINSAL ilustra el impacto que puede tener la analítica descriptiva relativamente simple cuando se basa en datos completos (gráfico 3.1). Al proporcionar un panorama preciso de los desafíos de la atención de salud en Chile, los análisis descriptivos ayudaron al MINSAL a identificar dónde eran más agudos los problemas y a formular una política específica para abordarlos. También reveló problemas con la exactitud e integridad de los datos subyacentes, lo que permitió hacer correcciones. De esta manera, el programa del MINSAL no solo alentó a los pacientes que más necesitan los servicios de atención primaria a utilizarlos, sino que también fortaleció el ecosistema general de analítica del Gobierno en Chile.

GRÁFICO 3.1 Uso del análisis descriptivo para reducir el número de citas médicas perdidas, Chile

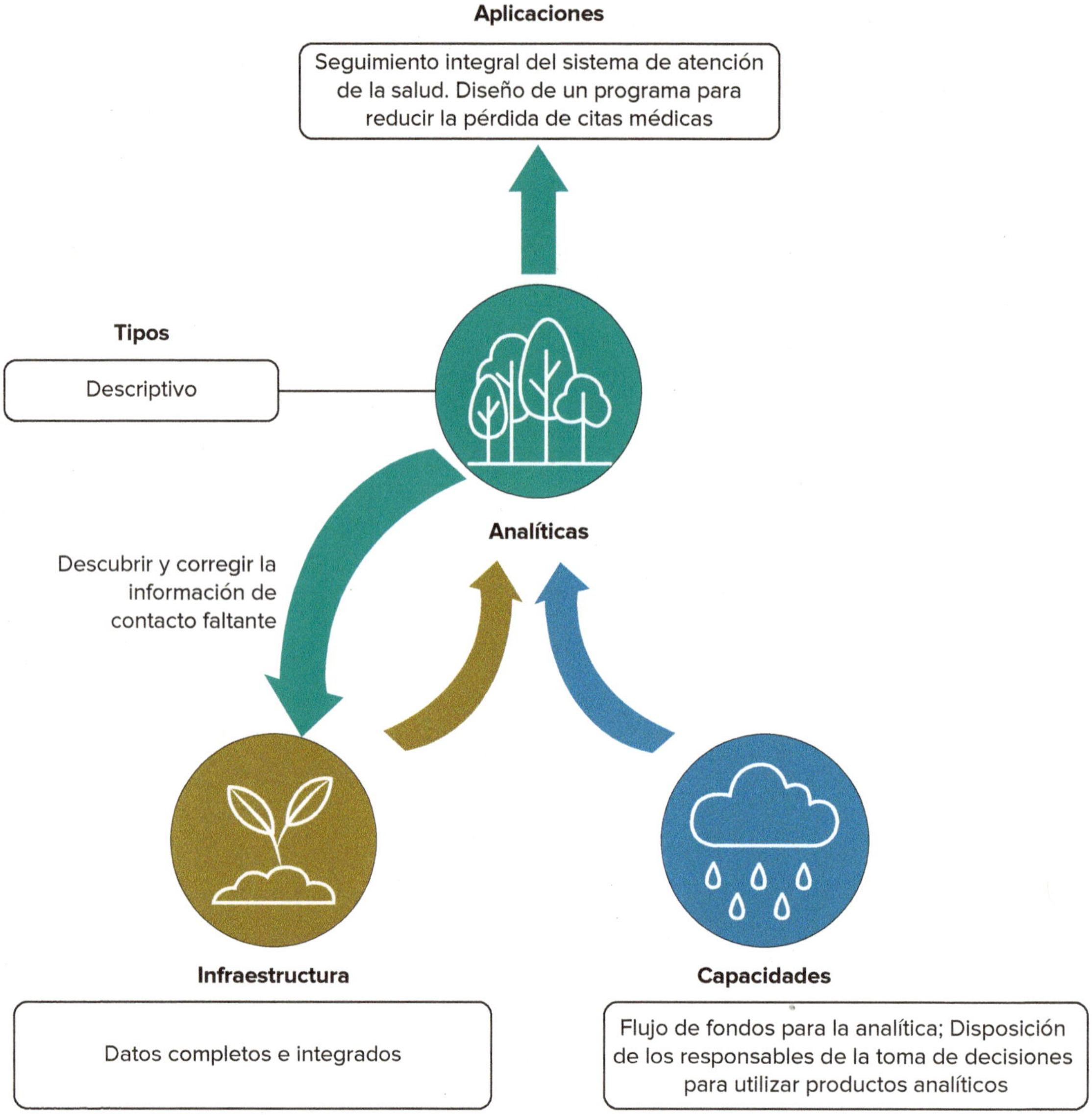

Fuente: Gráfico original para esta publicación.

ESTUDIO DE CASO 3.2: UTILIZACIÓN DE LA ANALÍTICA DE DIAGNÓSTICO CON DATOS DE RECURSOS HUMANOS PARA EXPLORAR LA BRECHA SALARIAL DE GÉNERO (COLOMBIA)

La Ley 1496/11 de Colombia (Ley 1496 de 2011) exige que las mujeres y los hombres reciban igual remuneración y compensación por trabajo de igual valor. Pero, ¿se cumple la ley en la práctica?

La Unidad de Científicos de Datos (UCD) del Departamento Nacional de Planeación de Colombia utilizó una combinación de analítica descriptiva y de diagnóstico para determinar la existencia de una brecha salarial de género en el país entre los trabajadores del sector público con contratos temporales. El UCD, establecido en 2017, es una agencia analítica especializada que tiene como objetivo aprovechar el potencial de los datos administrativos para respaldar el diseño, el seguimiento y la evaluación de las políticas públicas en Colombia.

Para estudiar las diferencias salariales entre los trabajadores del sector público, la UCD obtuvo acceso a los datos del sistema de información de gestión de recursos humanos (HRMIS) a través de acuerdos de intercambio de datos con el Departamento Administrativo de la Función Pública. La UCD utilizó tres cuadros de datos del HRMIS que proporcionaron información completa sobre los trabajadores del sector público entre 2012 y 2019, incluyendo los siguientes:

- Información personal, como nombre, sexo y fecha de nacimiento (a nivel de los trabajadores);
- Información educativa (a nivel de los trabajadores)
- Información sobre la naturaleza y el valor financiero de los contratos (a nivel contractual).

Después de integrar estas tablas de datos, el UCD realizó comprobaciones de calidad de los datos para prepararlos para el análisis. Esto implicó eliminar entradas duplicadas, rectificar registros con información faltante o valores atípicos, y resolver errores de validación de datos.

La UCD comenzó su estudio con un análisis descriptivo, comparando los ingresos promedio entre hombres y mujeres a lo largo de diferentes años. Esta comparación descriptiva ofreció información valiosa, pero no tuvo en cuenta otros factores que podrían influir en el salario de los trabajadores, como su experiencia laboral o educativa. Para identificar el papel del género en las diferencias salariales, la UCD continuó el estudio con analítica de diagnóstico. Se utilizaron modelos econométricos y pruebas de hipótesis para comparar a trabajadores que compartían características similares, como educación, detalles contractuales, región geográfica y experiencia, y se aisló el género como la única diferencia entre ellos.

El estudio de la UCD reveló una brecha salarial de género del 5 % al 6 % entre los trabajadores temporales del sector público (UCD, 2019), y el Departamento Nacional de Planeación informó estas conclusiones a las autoridades que supervisan las políticas de género. Mediante la combinación de diferentes tipos de analítica, la UCD no solo mapeó las diferencias salariales entre los trabajadores del sector público (analítica descriptiva), sino que también verificó que el género explicaba parte de esas diferencias (analítica de diagnóstico). El trabajo analítico de la UCD demuestra que una buena evaluación de las políticas produce evidencia que describe no solo *lo que* está sucediendo, sino también *por qué* está sucediendo. También ofrece un ejemplo del papel fundamental que puede desempeñar una unidad de análisis específica para generar esas evidencias y respaldar una mejor toma de decisiones.

ESTUDIO DE CASO 3.3: ANALÍTICA DE DATOS PARA LA RENDICIÓN DE CUENTAS CIUDADANA: EL CASO DE REACCIÓN (PARAGUAY)

En los últimos años, Paraguay se comprometió a utilizar los ingresos provenientes de las ventas de electricidad para financiar la infraestructura escolar local a través del Fondo Nacional de Inversión Pública y Desarrollo (FONACIDE), establecido en 2012. Sin embargo, como resultado del patrocinio y la influencia locales, los fondos se han encauzado hacia escuelas favorecidas políticamente y no hacia las escuelas marginadas a las que estaban destinadas originalmente. En respuesta, reAcción Paraguay, una reconocida organización juvenil contra la corrupción, ha analizado los datos abiertos de contrataciones públicas para garantizar que los fondos del FONACIDE lleguen a las escuelas destinatarias, lo que mejora la transparencia del Gobierno y fortalece la participación ciudadana en la asignación de recursos públicos (reAcción Paraguay, s.f.).

Paraguay cuenta con un rico legado de analítica de datos en contrataciones públicas y una infraestructura adecuada para publicar datos de libre acceso. Además de sus esfuerzos por tomar decisiones informadas sobre la base de analíticas integrales y oportunas, la Dirección Nacional de Contrataciones Públicas (DNCP) está comprometida con las recomendaciones de la Alianza para el Gobierno Abierto desde 2012. En 2014, la DNCP introdujo un portal de datos abiertos de contrataciones en tiempo real y fácil de usar, con información completa sobre licitaciones y contratos, datos legibles por máquina y una interfaz de programación de aplicaciones para una integración de datos innovadora. A través de este portal, Paraguay se convirtió en el primer país del mundo en adoptar el Estándar de Datos para las Contrataciones Abiertas, con el fin de publicar datos sobre contratos gubernamentales y licitaciones públicas, y acceder fácilmente a ellos (Banco Mundial, 2018).[1] El compromiso de la DNCP con la publicación de datos abiertos sobre contratos públicos ha empoderado a periodistas, activistas y organizaciones de la sociedad civil para monitorear las adquisiciones públicas e identificar posibles irregularidades.

reAcción Paraguay ha utilizado el portal de datos abiertos de la DNCP para rastrear la asignación de los fondos del FONACIDE mediante el desarrollo de una plataforma llamada FOCO que integra estos datos de adquisiciones con datos de otras fuentes oficiales (como el Ministerio de Educación) y datos adquiridos durante las visitas a las escuelas (reAcción Paraguay, 2023). FOCO comenzó con un hackatón organizado por el Gobierno, un programa para promover la interacción entre los ciudadanos y el Gobierno a través de la tecnología (remítase a otros ejemplos de este tipo de iniciativa en el estudio de caso 3.10). FOCO permite a los usuarios realizar un seguimiento del gasto en infraestructura de las escuelas elegibles financiadas por FONACIDE mediante la presentación de datos sobre:

- Necesidades de infraestructura, por año y escuela
- Clasificación de las escuelas en la lista de prioridades del Ministerio de Educación
- Escuelas que han recibido desembolsos y el monto de esos desembolsos

- Categorías de gastos que se cubrieron con los desembolsos (por ejemplo, aulas, retretes o mobiliario)
- Empresas contratadas para la mejora de las escuelas y los montos de los contratos
- Resultados de las inspecciones a las escuelas seleccionadas y de las mejoras financiadas por FONACIDE.

FOCO ha sacado a la luz la mala gestión de los fondos del FONACIDE, aumentando la transparencia del fondo y ayudando a mejorar su administración, gestión e integridad. Por ejemplo, entre 2015 y 2017, el monitoreo de reAcción dio lugar a un notable aumento del 400 % en la asignación correcta de recursos del FONACIDE en Ciudad del Este, la segunda ciudad más grande de Paraguay (Riveros García, 2019). Como resultado de los esfuerzos de reAcción, la DNCP fue persuadida para reformar el proceso nacional de contrataciones del FONACIDE. En 2020, reAcción comenzó a trabajar directamente con el Gobierno de Paraguay para profundizar la recopilación y la analítica de datos a fin de dar prioridad al financiamiento de infraestructura escolar basado en evidencia, y continúa trabajando con la DNCP y el Ministerio de Educación para monitorear el FONACIDE.

El ejemplo de reAcción Paraguay demuestra que el impacto de la analítica gubernamental se amplifica cuando se conectan datos de diferentes fuentes. A partir de datos gubernamentales de libre acceso, una iniciativa comunitaria permitió potenciar la movilización cívica, ayudar a la sociedad civil a denunciar la mala gestión de los fondos públicos, aumentar la transparencia y la rendición de cuentas, y mejorar la asignación de los recursos públicos.

ESTUDIO DE CASO 3.4: CREACIÓN DE UNA PLATAFORMA INTEGRADA DE GESTIÓN DE RECURSOS HUMANOS PARA LA PLANIFICACIÓN ESTRATÉGICA DE LA FUERZA LABORAL (URUGUAY)

Planificar el futuro de la administración pública requiere contar con datos sobre la composición de la fuerza laboral del sector público, el conjunto de habilidades y competencias que abarca, y las necesidades futuras de capital humano. El Gobierno de Uruguay y su Oficina Nacional del Servicio Civil (ONSC) están desarrollando una innovadora plataforma en línea para la gestión de recursos humanos que pone estos datos a disposición de los funcionarios públicos, los encargados de la formulación de políticas y el público en general para optimizar el uso de los recursos públicos, fomentar las condiciones propicias para futuras analíticas; y lograr que el Gobierno sea más abierto, transparente y responsable ante todos (ONSC, s.f.).

La nueva plataforma es un esfuerzo de colaboración que integra y analiza datos de los sistemas de información de múltiples organizaciones gubernamentales. Como organización que lidera este esfuerzo, la ONSC ha recibido la tarea de integrar, proteger y difundir los datos recibidos de otras organizaciones, lo que incluye transformar los datos para garantizar que sean coherentes, comparables, accesibles y comprensibles para el público. La plataforma introducirá nuevas funciones y analíticas descriptivas para proporcionar información oportuna y de alta calidad para orientar la toma de decisiones sobre el personal del sector público, mejorar la contratación, fomentar la inclusión en el empleo público de grupos minoritarios (incluidos los afrodescendientes, las personas con discapacidad, las víctimas de violencia y las personas transgénero), reforzar la transparencia y la rendición de cuentas del Gobierno, y agilizar los procesos que respaldan los derechos y responsabilidades de los trabajadores públicos.

Para lograr estos objetivos, la plataforma transformará el panorama de la contratación en el sector público. Uno de los componentes, el "CV digital", combina datos de Uruguay Concursa, el portal de contratación del sector público existente, con inteligencia artificial para agilizar la contratación, garantizando que los puestos públicos se cubran con los candidatos más calificados. El CV digital permitirá a los postulantes y a los empleados actuales actualizar información sobre su educación, experiencia, historial profesional y habilidades para utilizarla en futuros procesos de selección. Al proporcionar una visión dinámica de cada puesto de trabajo y su titular, incluido el propósito, las responsabilidades y las habilidades de cada puesto, el CV digital tiene como objetivo no solo mejorar la contratación, sino también mantener una base de datos segura y organizada de puestos de trabajo, clasificados sistemáticamente por categorías ocupacionales, que se puede utilizar para la planificación y el seguimiento estratégicos de la fuerza laboral.

La plataforma también mejorará la gestión de los recursos humanos, especialmente la evaluación del desempeño. Actualizará continuamente los registros digitales de los servidores públicos con sus logros y competencias mediante la integración de datos de desempeño. Esto reducirá significativamente el tiempo y el esfuerzo que implican los ascensos y las contrataciones. La plataforma también permitirá a los usuarios ver información sobre el desempeño de colegas y supervisores, recibir comentarios oportunos y establecer objetivos individuales, lo que agilizará el flujo de trabajo de la gestión del talento.

Por último, la plataforma proporcionará a las unidades de analítica, como el Laboratorio de Innovación y Observatorio de la Función Pública de la ONSC, una nueva fuente de datos integrados. Entre otras cosas, los analistas podrán estudiar los tipos de empleados públicos que están a punto de jubilarse o cambiar de puesto, así como los tipos de puestos que la administración pública tiene dificultades para desempeñar, a fin de determinar dónde será esencial contar con recursos adicionales para mantener la prestación de servicios. Por ejemplo, el Observatorio de Laboratorios de Innovación y Servicios Públicos ha descubierto que los puestos para funcionarios públicos especializados son más difíciles de cubrir que otros tipos de puestos, y que el salario ofrecido desempeña un papel crucial en estos puestos (ONSC, 2022a, 2022b, 2022c). Desde la contratación hasta la gestión de los recursos humanos y la analítica, la nueva plataforma de Uruguay demuestra el impacto que pueden tener los datos gubernamentales cuando se conectan diferentes registros administrativos, las potentes aplicaciones que se pueden crear utilizando técnicas de analítica descriptiva, y la importancia de monitorear y analizar la fuerza laboral del sector público para la planificación estratégica (gráfico 3.2).

GRÁFICO 3.2 Creación de una plataforma integrada de gestión de recursos humanos para la planificación estratégica de la fuerza laboral, Uruguay

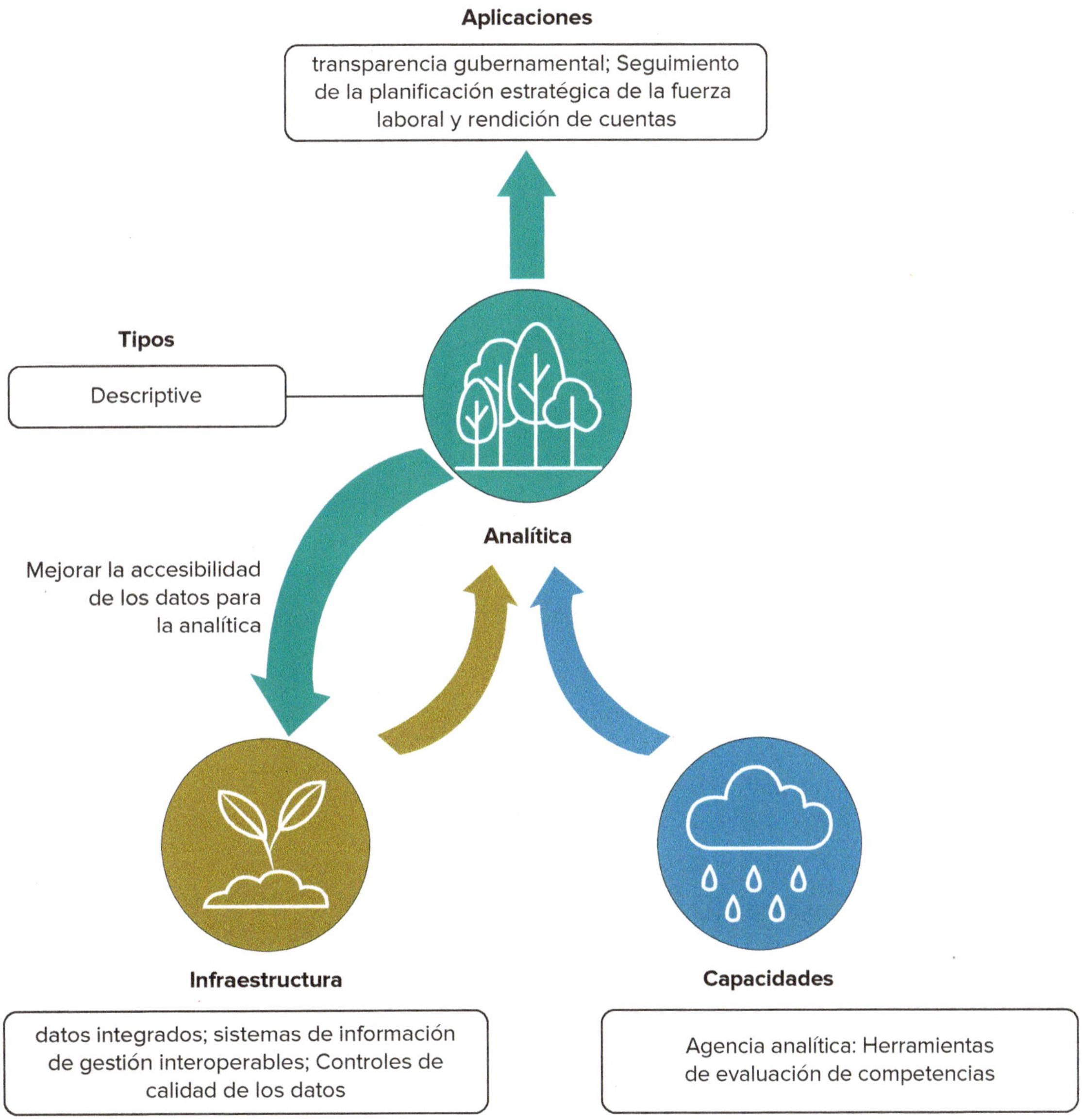

Fuente: Gráfico original de esta publicación.

ESTUDIO DE CASO 3.5: ANALÍTICA DE DATOS FISCALES PARA AUMENTAR LA RECAUDACIÓN DEL IMPUESTO SOBRE SOCIEDADES (ECUADOR)

La evasión fiscal es una preocupación importante para los Gobiernos, ya que dificulta la recaudación de impuestos y distorsiona la asignación de recursos dentro de una economía. También puede llevar a una dependencia de instrumentos tributarios económicamente ineficientes. Tradicionalmente, las autoridades tributarias han auditado a los contribuyentes para validar sus declaraciones.

Recientemente, también han comenzado a comparar dichas declaraciones con datos de terceros, como la información salarial proporcionada por los empleadores o los reportes de los socios comerciales de las empresas. Esta práctica se ha convertido en una estrategia esencial de recaudación de impuestos en los países de altos ingresos. Los avances en tecnología de la información y en los sistemas de información de gestión han hecho que los datos de terceros sean más accesibles y fáciles de usar al integrarlos con los datos del sistema de gestión tributaria. Estas mejoras ofrecen un gran potencial para fortalecer los esfuerzos de recaudación fiscal, especialmente en las economías en desarrollo (Carrillo, Pomeranz y Singhal, 2017; Pomeranz y Vila-Belda, 2019).

El Servicio de Rentas Internas (SRI) de Ecuador, en colaboración con un equipo de investigadores, evaluó la primera aplicación sistemática y a gran escala de datos de terceros para apoyar los esfuerzos de cumplimiento tributario de Ecuador. En el marco de esta iniciativa, se notificó a las empresas cuando las cifras de ingresos que habían declarado no coincidían con los datos de terceros incluidos en las declaraciones del impuesto sobre sociedades que detallaban el valor de sus actividades. Se instó a las empresas a presentar declaraciones enmendadas sobre la base del acceso de la autoridad tributaria a estos datos.

Para identificar discrepancias entre las cifras de ingresos informadas por las empresas y las estimadas por terceros, el SRI cruzó los datos de los formularios de declaración del impuesto al valor agregado (IVA) con múltiples fuentes, incluidas las ventas con tarjeta de crédito, los datos aduaneros y los registros de instituciones financieras. El sistema de información de gestión de impuestos del SRI fue fundamental para facilitar el almacenamiento y la recuperación eficientes de la información digital del IVA y las declaraciones de impuestos corporativos. Las notificaciones del SRI a las empresas no solo destacaron las discrepancias en los ingresos entre la declaración de una empresa y los datos de terceros, sino que también incluyeron los cálculos de ingresos propios del SRI.

Los investigadores calcularon los efectos de estas notificaciones analizando los cambios en las declaraciones de las empresas antes y después de recibir las notificaciones. Descubrieron que las empresas que respondieron ajustaron significativamente sus ingresos declarados, alineándolos casi perfectamente con el monto destacado en las notificaciones. Sin embargo, los investigadores también encontraron que las empresas ajustaron los costos declarados, lo que compensó parte de los posibles aumentos en la recaudación de impuestos, que se estimaron en cientos de millones de dólares anuales. Comprender estas respuestas es fundamental para evaluar la eficacia de la presentación de informes de terceros, ya que su impacto puede verse limitado por las restricciones de cumplimiento que enfrentan las autoridades tributarias y los ajustes compensatorios realizados por los contribuyentes más allá de los ingresos declarados.

La iniciativa de Ecuador demuestra que los datos del sistema de información de gestión de impuestos (a nivel del contribuyente o de la transacción) pueden ser útiles más allá del registro de las transacciones. Las autoridades tributarias también pueden utilizar estos datos para analizar el comportamiento de los contribuyentes, evaluar las respuestas a los cambios en las políticas y la administración, y diseñar políticas tributarias óptimas (Brockmeyer, 2019). En términos más generales, la iniciativa muestra cómo los datos administrativos pueden utilizarse para una evaluación rigurosa de las políticas, especialmente cuando se conectan múltiples registros administrativos y bases de datos no administrativas y se asocian investigadores y analistas de datos externos con funcionarios públicos.

ESTUDIO DE CASO 3.6: USO DE ANALÍTICA PREDICTIVA PARA PREVENIR LA DESERCIÓN ESCOLAR (GUATEMALA)

Los estudiantes que abandonan la escuela perciben menos que sus pares que completan su educación, y también enfrentan otros desafíos socioeconómicos. La deserción escolar puede prevenirse mediante sistemas de alerta temprana que identifiquen a los estudiantes en riesgo y permitan al personal escolar tomar medidas proactivas y garantizar el éxito de todos los estudiantes. En Guatemala, donde casi el 40 % de los alumnos de sexto grado abandonan la escuela antes de cursar el noveno grado, el Ministerio de Educación (MINEDUC) ha utilizado la analítica para crear un sistema eficaz de alerta temprana (Haimovich, Vázquez y Adelman, 2021).

La analítica del MINEDUC fue posible gracias a los importantes avances realizados en los últimos años para mejorar su sistema de información de gestión de educación (EdMIS) y aumentar la disponibilidad de datos sobre los estudiantes. Estos datos, con información personal y sobre las familias, la asistencia escolar y los puntajes de los exámenes, se pueden utilizar para identificar a los estudiantes en riesgo. Es importante destacar que el MINEDUC también introdujo identificadores únicos de estudiantes para todos los estudiantes de las escuelas primarias y secundarias del país, que le permiten hacer un seguimiento del progreso educativo de los guatemaltecos a lo largo del tiempo (Montes, 2022).

En 2017, el Gobierno de Guatemala, en colaboración con el Banco Mundial, elaboró la Estrategia Nacional para la Transición Exitosa (ENTRE), un programa centrado en la transición de la escuela primaria a la secundaria. ENTRE utilizó analítica predictiva para desarrollar un sistema de alerta temprana que permitiera identificar a los estudiantes en riesgo de abandonar la escuela durante esta transición. El MINEDUC aprovechó los datos de los estudiantes de su EdMIS, modelos de regresión lineal y un algoritmo simple para elaborar una lista de estudiantes en riesgo de abandonar la escuela. Una vez identificados estos estudiantes, el MINEDUC proporcionó estas listas a los directores de escuela para ofrecer a los estudiantes apoyo adicional y a los docentes, capacitación adicional sobre prevención de la deserción escolar. En su fase piloto, ENTRE se implementó en 4000 escuelas primarias públicas, que representan el 17 % de las escuelas primarias de Guatemala.

ENTRE redujo la tasa de deserción en la transición de la escuela primaria al primer ciclo de la secundaria en un 9 % durante su primer año, lo que destaca la eficacia del programa (Haimovich, Vázquez y Adelman, 2021).

Además, el ENTRE fue diseñado para ser escalable, ya que podría implementarse utilizando principalmente las estructuras de datos administrativos, los sistemas de gestión y el personal existentes en el MINEDUC, con costos adicionales limitados.

El ENTRE ilustra cómo la analítica predictiva puede ofrecer un método sumamente eficaz en función de los costos para crear un sistema de alerta temprana que evite la deserción escolar. Desde entonces, el proyecto piloto se ha ampliado hasta convertirse en un programa nacional (MINEDUC, 2019). Al invertir en la calidad y la disponibilidad de los datos administrativos, Guatemala creó las condiciones propicias para aplicar la analítica predictiva y, al diseñar e implementar un programa que contemplaba la analítica, pudo medir la eficacia del programa antes de ampliarlo (gráfico 3.3).

GRÁFICO 3.3 Uso de la analítica predictiva para prevenir la deserción escolar, Guatemala

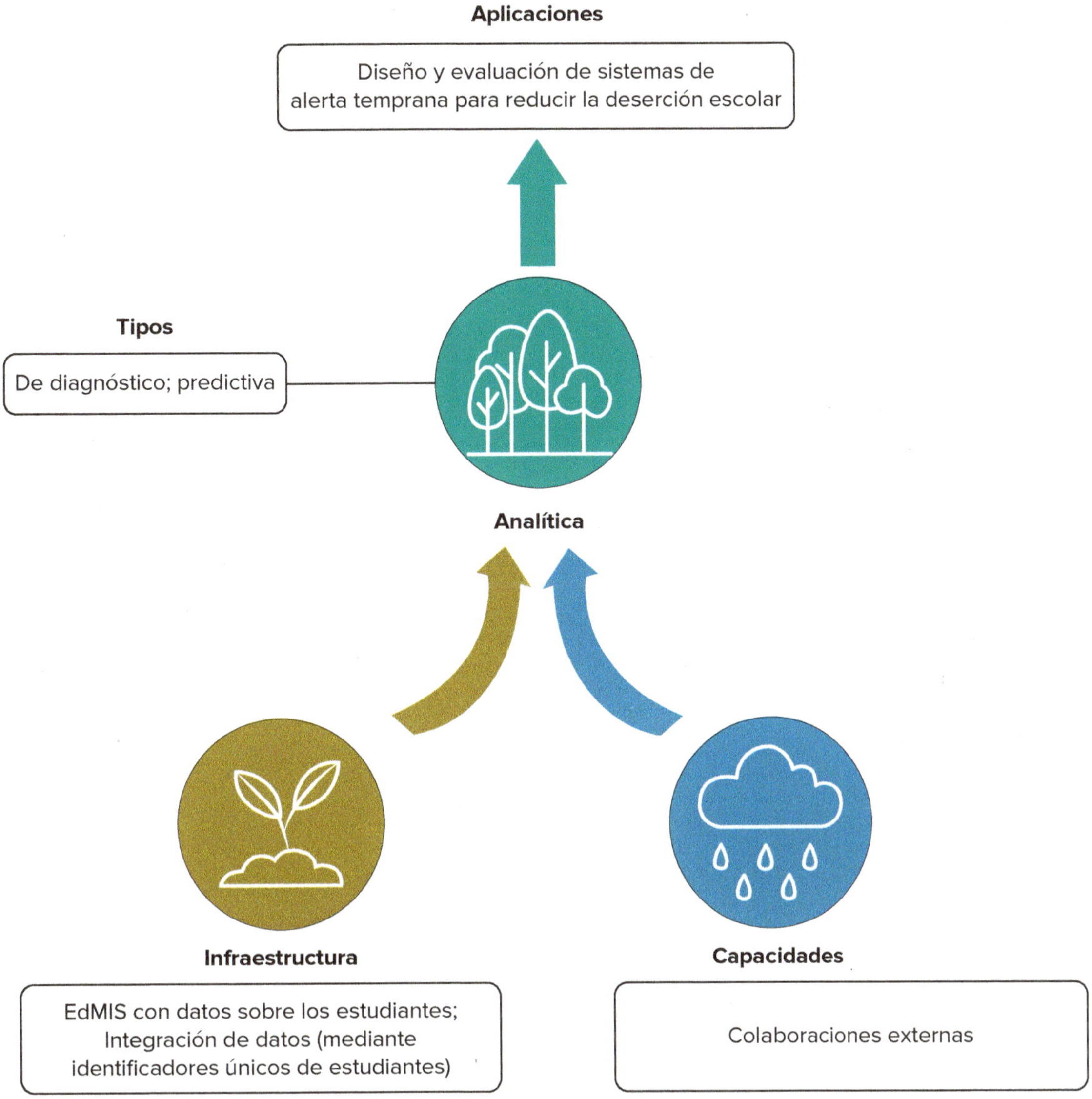

Fuente: Gráfico original para esta publicación.
Nota: EdMIS = sistema de información sobre la gestión de la educación.

ESTUDIO DE CASO 3.7: USO DE LOS DATOS FISCALES PARA AUMENTAR LA EFICIENCIA DE LAS CONTRATACIONES (BRASIL)

Las contrataciones públicas pueden resultar menos eficientes y menos competitivas debido a la asimetría de información entre los funcionarios responsables de las adquisiciones y los vendedores. Cuando los funcionarios de contrataciones carecen de acceso a precios de referencia precisos en el mercado, su poder de negociación se ve socavado, especialmente en lo que respecta a productos con proveedores limitados. Esto puede conducir a precios de compra más altos (Grennan y Swanson, 2020).

Para abordar este desafío, la Secretaría de Hacienda del Estado de Rio Grande do Sul (SEFAZ/RS) de Brasil introdujo una solución innovadora: un algoritmo de fijación de precios que utiliza los datos de facturación electrónica de las transacciones entre empresas locales para calcular precios de referencia de mercado para productos farmacéuticos.

Para crear este algoritmo, SEFAZ/RS aprovechó los datos existentes que se habían integrado en los repositorios de datos. Desde 2008, Brasil exige a las empresas registradas que están sujetas a impuestos estatales sobre la circulación de bienes y servicios que emitan facturas digitales por sus transacciones. Con el tiempo, esta transición a la facturación digital ha producido una gran cantidad de datos de transacciones. Aunque estos datos de las transacciones se recopilaron a los fines fiscales, SEFAZ/RS consideró que también podían ser utilizados para calcular los precios de referencia del mercado para los productos adquiridos. Si los funcionarios de contrataciones tuvieran acceso a analíticas basadas en estos datos reutilizados, estarían mejor preparados para preparar documentos de licitación y negociar precios más competitivos para los productos.

La SEFAZ/RS diseñó un algoritmo para orientar la adquisición de productos farmacéuticos. El algoritmo obtuvo los precios de referencia del mercado a partir de los datos de las transacciones en tres pasos:

1. Identificación del producto vinculado a una factura digital específica
2. Desglose del producto en unidades adecuadas para fijar el precio
3. Cálculo del precio de referencia por unidad.

De esta manera, la SEFAZ/RS proporcionó a los funcionarios de contrataciones una escala de precios para productos específicos derivada de la distribución de las transacciones anteriores entre empresas en la base de datos.

Cuando a los funcionarios de contrataciones se les proporcionaron precios de referencia del mercado antes de que establecieran los parámetros de licitación, los precios de compra se redujeron (Martinez-Carrasco, Conceição y Dezolt, 2023). Los productos con precios unitarios iniciales elevados, un número limitado de proveedores y un número reducido de compradores públicos experimentaron las reducciones más significativas. En promedio, los precios finales de estos productos disminuyeron un 13,2 %, lo que se tradujo en un ahorro de aproximadamente el 4 % sobre el gasto total promedio anual en productos farmacéuticos. Por lo tanto, proporcionar a los funcionarios de contrataciones precios de referencia del mercado parece ser una forma eficaz de aumentar la eficiencia del Gobierno de Brasil.

El algoritmo de fijación de precios de SEFAZ/RS demuestra cómo se pueden utilizar los datos para realizar la analítica en todas las funciones de gobierno. SEFAZ/RS realizó una analítica predictiva que dio como resultado un producto analítico que ayuda a los funcionarios públicos a realizar su trabajo con mayor eficacia. Mediante la reutilización de los datos fiscales, el aprovechamiento de los repositorios de datos integrados, la colaboración entre las distintas unidades y la integración eficaz de la analítica en el proceso de compra de los funcionarios de contrataciones, SEFAZ/RS pudo establecer un programa de analíticas bien arraigado y con margen de crecimiento futuro.

ESTUDIO DE CASO 3.8: MEJORA DE LA EFICIENCIA DEL GOBIERNO A TRAVÉS DE UNA AGENCIA ANALÍTICA CENTRALIZADA (COLOMBIA)

A finales de la década de 2010, Bogotá (Colombia) emprendió un viaje para transformarse en una "ciudad inteligente" — una ciudad más sostenible, habitable y eficiente para sus habitantes—mediante la adopción de tecnologías inteligentes y analítica de datos. Guiado por esta visión, en 2020, el Gobierno de Bogotá creó Ágata, una empresa de analítica de datos con capacidad de acción dentro del Gobierno (Alcaldía Mayor de Bogotá, Colombia, 2020). Ágata se constituye como una sociedad por acciones simplificada en la que diferentes organizaciones del gobierno de la ciudad y empresas son socios. Como empresa de capital mixto, financia sus propias operaciones, lo que reduce su dependencia del financiamiento público y la voluntad política predominante de promover el análisis de datos.

Ágata funciona como una agencia analítica centralizada para la ciudad de Bogotá. Es responsable de generar conocimientos en diversos sistemas de información y funciones de gobierno para abordar las necesidades de las partes interesadas de la ciudad. Con una plantilla actual de 66 empleados, Ágata elabora una serie de productos analíticos utilizando analítica descriptiva, de diagnóstico y predictiva, así como herramientas de inteligencia artificial. Su modelo de organización centralizado promueve las economías de escala, ya que le permite contratar empleados con habilidades analíticas especializadas y formar un equipo con una visión holística de la administración pública, los desafíos que enfrenta y los datos disponibles, reduciendo los silos de información. En el caso del Gobierno local, el organismo apunta a mejorar la toma de decisiones mediante la creación de productos analíticos utilizando datos de múltiples organizaciones. Para los ciudadanos, tiene como objetivo elevar la calidad de vida, agilizar el acceso a los servicios públicos y promover la adopción y el uso de innovaciones digitales.

Desde sus inicios, la labor analítica de Ágata ha tenido un impacto positivo en diversos sectores, y la agencia ha ampliado sus capacidades analíticas tanto en el sector público como en el privado (Riaño y Delgado, 2024). Por ejemplo, Ágata desempeñó un papel importante durante la pandemia de COVID-19 al crear tableros de control para hacerle seguimiento a la propagación del virus en la ciudad y monitorear las tasas de ocupación hospitalaria. Utilizando la analítica de Ágata, la ciudad pudo rastrear los cambios en la movilidad de la población, diseñar intervenciones específicas para detener la propagación del virus y garantizar que el sistema de atención de la salud pudiera gestionar eficazmente su capacidad. El trabajo de Ágata en el sector de la salud ha continuado después de la pandemia. Aprovechando los registros de salud electrónicos y la analítica predictivos, realiza un seguimiento de las mujeres embarazadas y los recién nacidos en tiempo real para identificar riesgos para la salud. Al alentar las medidas preventivas de salud, la analítica de Ágata podrían salvar la vida de 870 recién nacidos y 22 mujeres embarazadas al año.

Los proyectos de Ágata también han tenido un impacto en la gestión de las finanzas públicas. Por ejemplo, Ágata desarrolló una plataforma que ofrece acceso inmediato a datos integrales de los ciudadanos, que incluyen datos de contacto y un registro de los servicios prestados por la ciudad (Riaño y Delgado, 2024). Al depurar, estandarizar e integrar datos de diversas fuentes, esta plataforma tiene como objetivo reducir el tiempo que necesitan las organizaciones gubernamentales para preparar y utilizar los datos de los ciudadanos. Al garantizar una información de contacto actualizada y referencias cruzadas a los registros de servicios y asistencia financiera de cada ciudadano, la plataforma tiene como objetivo crear eficiencias en la asignación de recursos y reducir las irregularidades en la prestación de servicios.

A menos que se esfuerce activamente por comprender las necesidades de las organizaciones gubernamentales, una agencia analítica centralizada puede aislarse de la estructura y las operaciones más amplias de la administración pública. Este aislamiento puede disminuir la producción y el uso de productos analíticos o hacerlos menos pertinentes y oportunos para la toma de decisiones. Para mitigar este riesgo, Ágata lleva a cabo talleres con diversas agencias de gobierno para comprender sus necesidades, evaluar cómo la analítica podría satisfacer esas necesidades y determinar qué datos podrían utilizarse. También organiza talleres con otros Gobiernos locales para ampliar sus servicios y promover la analítica de datos en todo el sector público.

Ágata ilustra cómo una agencia analítica centralizada que cuenta con diversas fuentes de financiamiento puede impulsar el proceso analítico de todo un Gobierno (gráfico 3.4). Al abordar las demandas de las diferentes funciones gubernamentales, desde la salud hasta las finanzas públicas, y al permanecer receptivo a las necesidades de los encargados de formular políticas, Ágata ha desmantelado los silos de información, enriqueciendo la perspectiva analítica del Gobierno de Bogotá.

GRÁFICO 3.4 Mejora de la eficiencia del Gobierno a través de una agencia analítica centralizada, Colombia

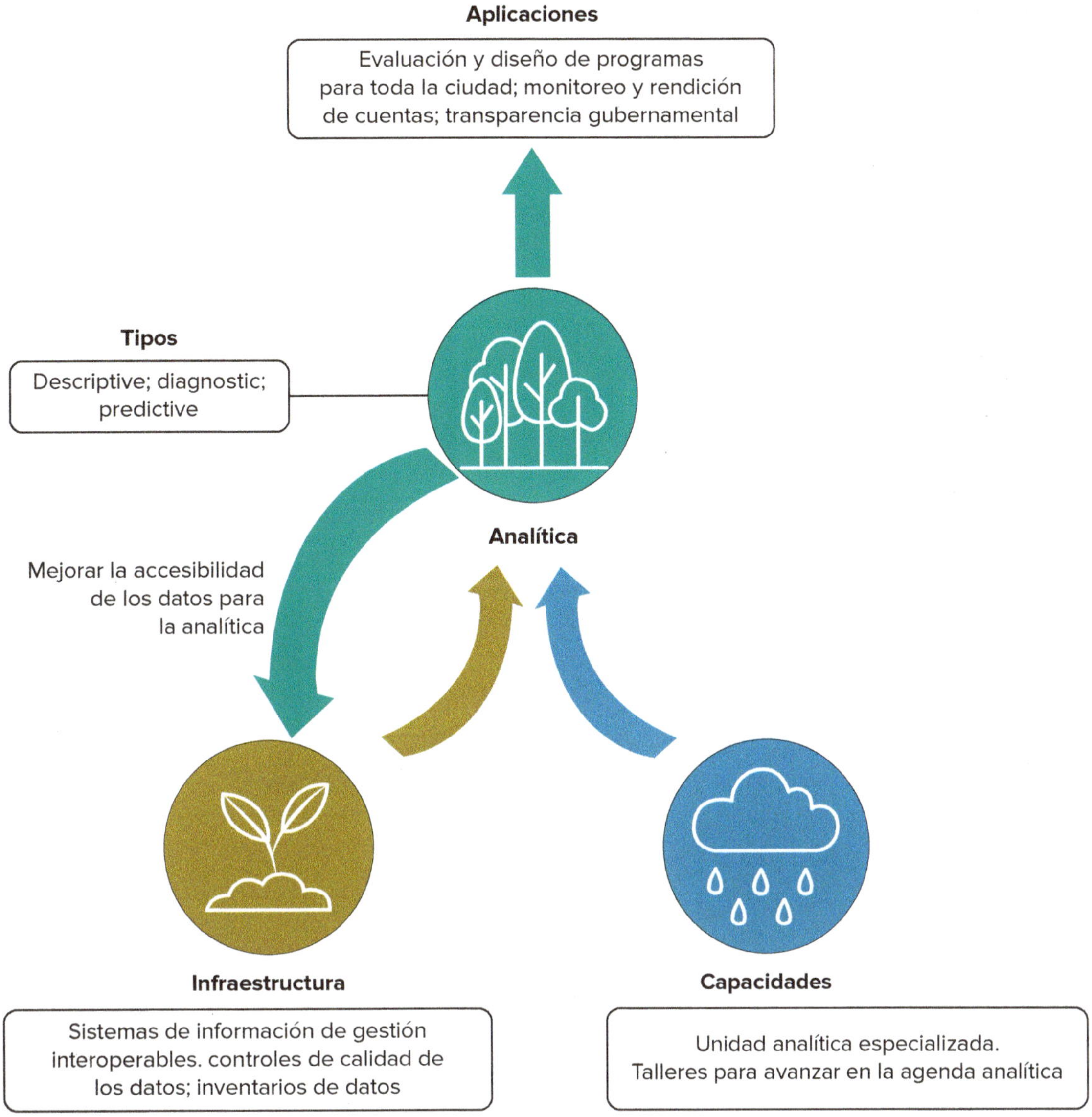

Fuente: Gráfico original de esta publicación.

ESTUDIO DE CASO 3.9: ESTABLECIMIENTO DE UNA AGENCIA ANALÍTICA DESCENTRALIZADA PARA MEJORAR LA EFICIENCIA DE LA RECAUDACIÓN TRIBUTARIA (PERÚ)

La situación fiscal del Perú se deterioró a partir de 2014: los ingresos tributarios disminuyeron del 18,2 % del PIB (promedio de 2005-14) al 16,4 % del PIB (promedio de 2015-21). Estos niveles se ubican por debajo del promedio de los países de América Latina y el Caribe (21,4 %) y de los países miembros de la Organización para la Cooperación y el Desarrollo Económicos (33,5 %) en el mismo período (2015-21).

Además de los factores económicos (como la disminución de los precios de la minería y la desaceleración económica de los principales socios comerciales), un factor que contribuyó a la disminución de los ingresos tributarios fue la dificultad que enfrentó la Superintendencia Nacional de Aduanas y de Administración Tributaria (SUNAT) para identificar la evasión fiscal y la falta de declaración de las actividades sujetas a impuestos (Luján Taipe y Sánchez Castro, 2022).

La SUNAT enfrentó importantes desafíos en su esfuerzo por detectar la evasión fiscal y mejorar la información fiscal. Los procesos tradicionales eran lentos y complejos, y los sistemas y bases de datos requerían de actualizaciones tecnológicas para satisfacer las necesidades actuales. Para abordar estos desafíos, desde 2019, la SUNAT ha iniciado una transformación estratégica —que incluye la creación de una agencia analítica especializada—para comprender y predecir mejor el comportamiento de los contribuyentes.

La aplicación de la analítica de datos por parte de la SUNAT forma parte de un conjunto más amplio de reformas para digitalizar la recaudación de ingresos, mejorar la eficiencia y fomentar un enfoque más fácil de usar. La SUNAT mejoró los servicios a los contribuyentes mediante la revisión y simplificación de las respuestas a sus consultas, y simplificó el procesamiento de las facturas electrónicas para brindar acceso oportuno a los datos transaccionales (mejorando el cumplimiento tributario voluntario). También desarrolló y automatizó su TaxMIS, aplicando un conjunto de definiciones y especificaciones detalladas para cruzar información utilizando fuentes de información clave, como registros electrónicos de compras, registros electrónicos de ventas, recibos de pago electrónicos y formularios fiscales. Estas reformas más amplias permitieron realizar análisis basados en los datos del TaxMIS.

En 2019, la SUNAT estableció una agencia analítica especializada para mejorar el control y el cumplimiento tributario y aduanero. La unidad estuvo integrada por cinco científicos de datos que desarrollaron analíticas para detectar la evasión y optimizar las auditorías utilizando los datos del sistema de información de gestión en combinación con fuentes de datos externas.

Entre los primeros proyectos desarrollados por la unidad para mejorar el cumplimiento tributario se encuentran los siguientes:

- Utilizando técnicas de macrodatos, como el web scraping, la unidad desarrolló un algoritmo para determinar si los vendedores de comercio electrónico estaban registrados en el registro de contribuyentes y descubrió que el 57 % no lo estaba. La SUNAT envió un mensaje de texto a estos vendedores, lo que resultó en el registro de 320 nuevos vendedores y un aumento de alrededor de USD 1 millón en las declaraciones de ventas.
- Mediante la minería de textos, la unidad desarrolló un sistema automatizado de alerta para evitar que los contribuyentes deduzcan gastos no relacionados con su negocio. El análisis de la unidad reveló que, en promedio, los contribuyentes no registraban 64 de cada 100 facturas que el sistema de alerta los había marcado como gastos personales, protegiéndolos de multas y auditorías.

- La unidad desarrolló un modelo de segmentación de contribuyentes para ayudar a la SUNAT a enfocar sus estrategias de recaudación (Larios, Azuero y Rojas 2018; SUNAT, 2019).

Desde 2019, la agencia analítica ha seguido creciendo y desarrollando nuevas analíticas predictivos para ayudar a la SUNAT a evaluar el riesgo de incumplimiento tributario. Por ejemplo, la unidad desarrolló un modelo para determinar el riesgo de que los contribuyentes carezcan de capacidad operativa para llevar a cabo una actividad económica declarada, lo que ayuda a prevenir la generación de créditos fiscales indebidos o gastos deducibles. Este modelo ha generado USD 15 millones, y la SUNAT ha programado verificaciones de capacidad operativa con 1780 contribuyentes señalados por el modelo. La unidad también desarrolló un modelo para optimizar la asignación de los recursos de la SUNAT que identifica a los contribuyentes de alto riesgo y les asigna un nivel de prioridad basado en la capacidad operativa de la unidad y la probabilidad e impacto del incumplimiento (SUNAT, 2022). Estos modelos se han convertido en componentes sustanciales de la gestión de riesgos en la SUNAT.

La transformación estratégica de la SUNAT demuestra el impacto que puede tener una agencia analítica especializada dentro de una organización, especialmente cuando la analítica forma parte de una estrategia de reforma más amplia. Al producir analíticas estrechamente alineadas con las necesidades operativas, la agencia analítica de la SUNAT ha apoyado la transformación del organismo y la sostenibilidad fiscal de Perú.

ESTUDIO DE CASO 3.10: LOS MARATONES DE DATOS COMO HERRAMIENTA PARA PROMOVER LA ANALÍTICA DE DATOS (VARIOS PAÍSES)

En los últimos años, los "maratones de datos" se han convertido en una herramienta importante dentro de la comunidad de la ciencia de datos para promover el uso de la analítica y fomentar el intercambio de mejores prácticas, herramientas e historias de éxito. Este tipo de eventos han cobrado fuerza recientemente en el sector público. En un maratón de datos del sector público, los funcionarios públicos y los miembros del público tienen acceso a datos gubernamentales, aprenden sobre una pregunta relevante sobre políticas y colaboran para producir analíticas que pueden utilizarse para orientar la formulación de políticas. Los participantes trabajan para descubrir patrones y tendencias en los datos, demostrando cómo se puede utilizar la analítica para conceptualizar o abordar problemas.

Los maratones de datos del sector público pueden beneficiar a los Gobiernos incluso más allá de los conocimientos analíticos generados durante los eventos. Cuando estos maratones están abiertos tanto a los funcionarios públicos como a la comunidad en general, ayudan a los Gobiernos a descubrir talento analítico, creando así una reserva de candidatos para futuras contrataciones. Los maratones de datos también involucran a personas con diversas habilidades para abordar desafíos de políticas en un entorno colaborativo e informal, lo que puede fomentar el desarrollo de ideas innovadoras y alentar a los participantes a aplicar sus nuevos conocimientos dentro de sus propios lugares de trabajo. Además, los maratones de datos indican un compromiso de la organización con la analítica, lo que puede hacer que los analistas de datos del sector público estén más satisfechos con su trabajo y mejorar la retención.

Numerosos países de América Latina y el Caribe han adoptado los maratones de datos como estrategia para fomentar la experimentación analítica. Por ejemplo, en 2022, el Servicio Nacional de Contratación Pública de Ecuador organizó un maratón de datos, para descubrir aplicaciones innovadoras de los datos del sistema de adquisiciones electrónicas (SERCOP, 2022). El evento, que se extendió durante cuatro días, estuvo abierto tanto a funcionarios públicos como al público en general.

Los participantes desarrollaron productos analíticos, como visualizaciones interactivas y modelos estadísticos, para comprender los factores que influyen en las compras locales, la función de las contrataciones públicas en el impulso de la economía local y los sectores que carecen de diversidad de género entre los proveedores. También idearon sistemas de alerta para señalar conflictos de intereses en las contrataciones públicas.

Del mismo modo, en 2023, la Secretaría Ejecutiva del Sistema Nacional Anticorrupción de México organizó un maratón de datos centrado en la aplicación de datos en la lucha contra la corrupción. Se alentó a los participantes a desarrollar algoritmos utilizando los datos de las contrataciones electrónicas para detectar patrones de comportamiento asociados con la conducta administrativa indebida entre los funcionarios públicos y las organizaciones privadas, incluidas las prácticas de contratación indebidas, el tráfico de influencias y la colusión en las adquisiciones (SESNA, 2023).

Mientras tanto, en Brasil, la Escola Nacional de Administração Pública (ENAP) organizó un maratón de datos centrado en el estudio de las desigualdades raciales en la administración pública. A partir de los datos del HRMIS, los equipos participantes estudiaron las áreas de la política pública en las que se contratan funcionarios de raza negra, la dinámica que afecta la designación de personas de raza negra para ocupar puestos de liderazgo en la administración pública y los principales obstáculos para el acceso de estas personas a puestos de la administración pública (ENAP, 2023).

Como se muestra en estos ejemplos, los maratones de datos representan una herramienta valiosa para fomentar el desarrollo de productos analíticos en las diferentes funciones de gobierno. Proporcionan una plataforma a través de la cual tanto los funcionarios públicos como profesionales externos pueden intercambiar y aprender las mejores prácticas, cultivar el talento y fortalecer la identificación y el compromiso organizacional. Los maratones de datos también resaltan la importancia de la analítica gubernamental para identificar problemas dentro de la administración pública y proponer soluciones, lo que demuestra la necesidad de realizar más y mejores analíticas para mejorar las políticas públicas.

ESTUDIO DE CASO 3.11: EL PODER DE LA INTEGRACIÓN DE DATOS PARA FORTALECER LA INTEGRIDAD DE LAS CONTRATACIONES PÚBLICAS (BRASIL)

La corrupción socava el desarrollo de manera significativa, y las adquisiciones públicas son excepcionalmente vulnerables, lo que conduce a un considerable desperdicio de recursos públicos. Se estima que la corrupción representa un 8 % del valor mundial de los contratos de contrataciones y se pierden aproximadamente unos USD 880 000 millones al año (Bosio, 2021), y los métodos actuales para detectar e investigar la corrupción en las contrataciones son insuficientes en relación con la vasta escala del problema. Los enfoques que se basan en análisis manuales, investigaciones de seguimiento de denuncias específicas y pruebas anecdóticas son ineficientes porque exigen amplios recursos humanos y financieros. Pero los avances en la recopilación de datos, la digitalización y la transparencia dentro del sector público han allanado el camino para elaborar estrategias de lucha contra la corrupción basada en datos.

En este contexto, el Banco Mundial, en colaboración con los Gobiernos subnacionales de Brasil, desarrolló el Sistema de Evaluación de Riesgos relacionados con la Gobernanza (GRAS). Esta herramienta de vanguardia aprovecha la analítica para detectar fraudes, corrupción y colusión en las adquisiciones públicas. El GRAS utiliza algoritmos para identificar patrones de riesgo asociados al fraude y la corrupción en las adquisiciones públicas, centrándose en los proveedores públicos, los organismos contratantes y los actores individuales. Un pilar del GRAS es su sólido marco de integración de datos, que agrega, vincula y analiza grandes volúmenes de datos sobre adquisiciones públicas, incluidos microdatos detallados sobre empresas e individuos (Banco Mundial, 2023). Este marco de integración facilita la identificación de patrones de riesgo que no podrían identificarse mediante el análisis de un único conjunto de datos.

El GRAS abarca 60 señales de alerta y analiza patrones de riesgo en cuatro ámbitos. El primer ámbito se enfoca en el ciclo de contratación pública, y GRAS identifica como señales de alerta los procesos de licitación que no cuentan con anuncios públicos o en los que se presenta una sola oferta. El segundo ámbito se centra en la colusión entre licitadores, como la que puede darse cuando los competidores comparten un accionista común o cuando su comportamiento sugiere ofertas coordinadas. El tercer ámbito se enfoca en las características de los proveedores, incluyendo el registro en jurisdicciones consideradas paraísos fiscales, niveles inusualmente altos de rentabilidad y la participación en múltiples actividades económicas. Por último, el cuarto ámbito analiza las conexiones políticas de los proveedores, como aquellas evidenciadas por contribuciones a campañas electorales o partidos políticos, o por la presencia de funcionarios públicos o políticos entre sus accionistas.

En 2022, el Banco Mundial puso a prueba el GRAS en los estados de Mato Grosso y Río de Janeiro y en los municipios de São Paulo y Porto Alegre en Brasil. Durante el proyecto piloto, el GRAS identificó a unas 800 empresas a las que se les habían adjudicado contratos a pesar de estar sujetas a sanciones legales, unas 4000 empresas a las que se les habían adjudicado contratos a pesar de ser propiedad de funcionarios públicos o de tener otras relaciones políticas, y unas 1000 empresas que habían ganado licitaciones frente a competidores con un accionista en común (Banco Mundial, 2023). Durante el proyecto piloto, el GRAS también apoyó las investigaciones de corrupción realizadas por fiscalías. En un estado participante, los análisis respaldados por el GRAS ayudaron a la policía federal a descubrir redes de empresas fantasma y una operación de lavado de dinero (Banco Mundial, 2023).

Estas conclusiones ponen de relieve los riesgos generalizados de corrupción y conflictos de intereses en las adquisiciones públicas. El GRAS demuestra cómo se puede detectar y reducir la corrupción en el sector público mediante la integración de datos gubernamentales, la aplicación de analíticas descriptivas y predictivas y la triangulación de datos, lo que presenta un modelo prometedor para utilizar la analítica con el fin de fomentar la integridad y la transparencia en las contrataciones públicas.

ESTUDIO DE CASO 3.12: APOYO A LA IMPLEMENTACIÓN DE ACUERDOS MARCO MEDIANTE LA ANALÍTICA DE DATOS (URUGUAY)

Las contrataciones públicas abarcan diversas compras, y las mejores estrategias de compra varían según las diferentes categorías de productos. Una estrategia de compra consiste en celebrar *convenios marco, es decir,* convenios en los que se establecen las condiciones —incluidos el precio, la calidad y la cantidad—mediante el cual las organizaciones de compras pueden adjudicar contratos para un determinado producto a proveedores previamente aprobados. Por ejemplo, la unidad central de contrataciones de un país podría establecer un acuerdo marco con una empresa de tecnología de la información a fin de adquirir computadoras para toda la administración pública del país durante cinco años. Los convenios marco son estrategias de compra eficientes para productos que representan bajos riesgos de suministro y que se adquieren en grandes cantidades y a través de muchas agencias contratantes. La analítica puede ayudar a definir estrategias de compra eficientes para diferentes productos, incluso ayudando a preparar acuerdos marco.

En 2019, en una revisión de los datos sobre contrataciones públicas de Uruguay realizada por el Banco Mundial, se encontró que la consolidación de las compras era la fuente potencial de ahorro más significativa y se señaló que los convenios marco eran el instrumento más eficaz para implementar la estrategia necesaria (Cocciolo, Samaddar y Fazekas, 2023).[2] En Uruguay, las normas sobre contrataciones ya contemplaban el uso de convenios marco para bienes y servicios comunes, por lo que los convenios marco son una estrategia fácil de aplicar sin necesidad de modificar las leyes y normativas.

En 2021, el Banco Mundial trabajó con la Agencia Reguladora de Compras Estatales y la Unidad Centralizada de Adquisiciones del Ministerio de Economía y Finanzas de Uruguay a fin de fortalecer la capacidad de las organizaciones para generar y gestionar convenios marco y elaborar acuerdos marco piloto para los bienes y servicios con mayor potencial de ahorro (Cocciolo, Samaddar y Fazekas, 2023).

Durante la fase de ejecución de esta revisión, la analítica fue útil para identificar los artículos que podían adquirirse a través de convenios marco. Con el apoyo del Banco Mundial, el organismo desarrolló un algoritmo que considera el volumen total de adquisiciones de un producto por año, el número de agencias contratantes que lo compran, y el número de compras y procedimientos de contrataciones por año. El algoritmo ha sido útil para identificar y priorizar los sectores y productos con mayor potencial para aumentar la eficiencia, y para orientar los próximos pasos en la preparación de los convenios marco (por ejemplo, la consolidación de las compras y el análisis de mercado). La experiencia de Uruguay demuestra el impacto de la analítica descriptiva y de diagnóstico para identificar intervenciones adecuadas y apoyar su diseño durante la etapa de implementación de un programa.

NOTAS

1. Para obtener más información sobre la norma, visite el sitio web de la Alianza para las Contrataciones Abiertas en https://standard.open-contracting.org/latest/en/.
2. "Consolidación de las compras" se refiere a la práctica de agrupar las compras de un mismo producto o servicio para reducir la duplicación. Las compras se puedenconsolidar dentro de una agencia contratante o entre organizaciones responsables de las contrataciones agregando las compras fragmentadas en contratos más grandes. El objetivo es mejorar la eficiencia mediante la racionalización de los procesos de contratación, la reducción de los costos de los procedimientos, el estímulo de la competencia y el aprovechamiento de las economías de escala.

REFERENCIAS

Alcaldía Mayor de Bogotá, Colombia. 2020. "Ágata, la nueva agencia analítica de datos que hará de Bogotá líder global en transparencia e inteligencia digital para sus ciudadanos." Noticias, December 14, 2020. https://www.sdp.gov.co/noticias/agata-la-nueva-agencia-analitica-de-datos-hara-de-bogota-lider-global-transparencia-e-inteligencia.

Boone, Claire E., Pablo Celhay, Paul Gertler, and Tadeja Gracner. 2023. "Encouraging Preventative Care to Manage Chronic Disease at Scale." NBER Working Paper 31643, National Bureau of Economic Research, Cambridge, MA. https://doi.org/10.3386/w31643.

Boone, Claire E., Pablo Celhay, Paul Gertler, Tadeja Gracner, and Josefina Rodriguez. 2022. "How Scheduling Systems with Automated Appointment Reminders Improve Health Clinic Efficiency." *Journal of Health Economics* 82: 102598. https://doi.org/10.1016/j.jhealeco.2022.102598.

Bosio, Erica. 2021. "Reducing Corruption in Public Procurement." *Let's Talk Development* (blog), August 17, 2021. https://blogs.worldbank.org/en/developmenttalk/reducing-corruption-public-procurement.

Brockmeyer, Anne. 2019. "Working with Administrative Tax Data: A How-to-Get-Started Guide." Macroeconomics, Trade & Investment (MTI) Practice Note 7, World Bank, Washington, DC. https://www.annebrockmeyer.com/uploads/1/2/1/4/121485108/mti_practice_note_on_admin_tax_data.pdf.

Carrillo, Paul, Dina Pomeranz, and Monica Singhal. 2017. "Dodging the Taxman: Firm Misreporting and Limits to Tax Enforcement." *American Economic Journal: Applied Economics* 9 (2): 144–64. https://doi.org/10.1257/app.20140495.

CNEP (Comisión Nacional de Evaluación y Productividad). 2022. *Eficiencia en la Gestión de Atención Primaria de Salud (APS)*. Santiago, Chile: Comisión Nacional de Evaluación y Productividad. https://cnep.cl/estudios-finalizados/eficiencia-en-gestion-de-atencion-primaria-de-la-salud/.

Cocciolo, Serena, Suxhmita Samaddar, and Mihaly Fazekas. 2023. "Government Analytics Using Procurement Data." In *The Government Analytics Handbook: Leveraging Data to Strengthen Public Administration*, edited by Daniel Rogger and Christian Schuster, chap. 12. Washington, DC: World Bank. https://doi.org/10.1596/978-1-4648-1957-5.

ENAP (Escola Nacional de Administração Pública). 2023. "DATATHON Desigualdades Raciais no Serviço Público." Notice 119/2023, Process 04600.002764/2023-26, Brasília, Brazil. https://repositorio.enap.gov.br/bitstream/1/7779/1/Edital%20Datathon%20Desigualdades%20Raciais.pdf.

Grennan, Matthew, and Ashley Swanson. 2020. "Transparency and Negotiated Prices: The Value of Information in Hospital-Supplier Bargaining." *Journal of Political Economy* 128 (4): 1234–68. https://doi.org/10.1086/705329.

Haimovich, Francisco, Emmanuel Vazquez, and Melissa Adelman. 2021. "Scalable Early Warning Systems for School Dropout Prevention: Evidence from a 4,000-School Randomized Controlled Trial." Policy Research Working Paper 9685, World Bank, Washington, DC. https://documents.worldbank.org/en/publication/documents-reports/documentdetail/983591622568486300/scalable-early-warning-systems-for-school-dropout-prevention-evidence-from-a-4-000-school-randomized-controlled-trial.

Larios, José, Rodrigo Azuero, and Agnes Rojas. 2018. "Utilizando big data para combatir la evasión." *Recaudando Bienestar* (blog), August 29, 2018. https://blogs.iadb.org/gestion-fiscal/es/utilizando-big-data-para-combatir-la-evasion/.

Luján Taipe, Jhonatan Erick, and Lucía Carmen Sánchez Castro. 2022. "Implementando la Transformación Digital en SUNAT: acercándonos al contribuyente." MBA thesis, Universidad de Piura. https://hdl.handle.net/11042/5525.

Margozzini, Paula, and Álvaro Passi. 2018. "Encuesta Nacional de Salud, ENS 2016–2017: Un aporte a la planificación sanitaria y políticas públicas en Chile." *Ars Medica: Revista de Ciencias Médicas* 43 (1): 30–34. https://doi.org/10.11565/arsmed.v43i1.1354.

Martinez-Carrasco, Jose, Otavia Conceição, and Ana Luzia Dezolt. 2023. "More Information, Lower Price? Access to Market-Based Reference Prices and Gains in Public Procurement Efficiency." Working Paper IDB-WP-1441, Inter-American Development Bank, Washington, DC. http://dx.doi.org/10.18235/0004794.

MINEDUC (Ministerio de Educación [de Guatemala]). 2019. *Guía para promover la transición exitosa de sexto primaria a primer grado del ciclo básico*. 2nd ed. Guatemala City: MINEDUC. https://cnbguatemala.org/wiki/Gu%C3%ADa_para_promover_la_transici%C3%B3n_exitosa_de_sexto_Primaria_a_primer_grado_del_Ciclo_B%C3%A1sico.

Montes, Nancy. 2022. *Usos de los sistemas de información en el planeamiento y gestión de políticas educativas en América Latina: Informe regional*. Buenos Aires, Argentina: Oficina para América Latina y el Caribe del Instituto Internacional de Planeamiento de la Educación de la Organización de las Naciones Unidas para la Educación, la Ciencia y la Cultura. https://unesdoc.unesco.org/ark:/48223/pf0000385439.locale=en.

ONSC (Oficina Nacional del Servicio Civil). 2022a. "Análisis de los concursos desiertos de la Administración Central, 2011–2022." Documento de Trabajo 03/2022. ONSC, Montevideo, Uruguay. https://www.gub.uy/oficina-nacional-servicio-civil/comunicacion/publicaciones/analisis-concursos-desiertos-administracion-central-2011-2022.

ONSC (Oficina Nacional del Servicio Civil). 2022b. "Avances en la Plataforma de Gestión Humana del Estado." Noticias, August 4, 2022. ONSC, Montevideo, Uruguay. https://www.gub.uy/oficina-nacional-servicio-civil/comunicacion/noticias/avances-plataforma-gestion-humana-del-estado.

ONSC (Oficina Nacional del Servicio Civil). 2022c. "Nueva Plataforma de Gestión Humana del Estado GHE.uy." ONSC tv. Streamed live on November 23, 2022. YouTube video, 1:05:25. https://www.youtube.com/watch?v=u51tU2mxR_E.

ONSC (Oficina Nacional del Servicio Civil). n.d. "Proyecto estratégico: Plataforma de Gestión Humana del Estado (ghe.uy)." Accessed February 28, 2024. https://www.gub.uy/oficina-nacional-servicio-civil/politicas-y-gestion/proyectos/plataforma-gestion-humana-del-estado-gheuy.

Pomeranz, Dina, and José Vila-Belda. 2019. "Taking State-Capacity Research to the Field: Insights from Collaborations with Tax Authorities." *Annual Review of Economics* 11: 755–81. https://doi.org/10.1146/annurev-economics-080218-030312.

reAcción Paraguay. 2023. "FOCO." Last modified February 19, 2023. https://foco.reaccion.org.py/.

reAcción Paraguay. n.d. "reAcción." Accessed July 17, 2024. https://reaccion.org.py/.

Riaño, Manuel, and Alejandro Delgado. 2024. *Yo, IA Innovación gubernamental: La era de la inteligencia artificial*. Barcelona: Bronce.

Riveros García, David. 2019. "Politics, Technology, and Accountability: The Transparency Façade of Open Government Data Reforms in Paraguay." *eJournal of eDemocracy and Open Government* (JeDEM) 11 (2): 60–93. https://doi.org/10.29379/jedem.v11i2.537.

SERCOP (Servicio Nacional de Contratación Pública). 2022. "Datatón–Rompiendo la Contratación Pública." SERCOP, Quito, Ecuador. https://dataton.compraspublicas.gob.ec/wp-content/uploads/2022/04/Metodologia-Evento-Dataton_vf-2.pdf.

SESNA (Secretaría Ejecutiva del Sistema Nacional Anticorrupción). 2023. "Datatón Anticorrupción 2023: Convocatoria." SESNA, Mexico City. https://dataton2023.plataformadigitalnacional.org/files/datatonanticorrupcion2023-basesv1_3.pdf.

SUNAT (Superintendencia Nacional de Aduanas y de Administración Tributaria). 2019. "Memoria Anual 2019: Resumen Ejecutivo." SUNAT, Lima, Peru. https://www.sunat.gob.pe/cuentassunat/planestrategico/memoria/ejecutiva/memoriaEje-2019.pdf.

SUNAT (Superintendencia Nacional de Aduanas y de Administración Tributaria). 2022. *Memoria Institucional 2022*. Lima, Peru: SUNAT. https://www.sunat.gob.pe/cuentassunat/planestrategico/memoria/memoria2022.pdf.

UCD (Unidad de Científicos de Datos). 2019. "Dirección de Desarrollo Digital." Departamento Nacional de Planeación, Bogotá, Colombia. https://colaboracion.dnp.gov.co/CDT/Desarrollo%20Digital/UCD/Proyectos/2019_24_Brecha_salarial/Brecha_salarial_Informe.pdf.

World Bank. 2018. "Paraguay: Systematic Country Diagnostic." World Bank, Washington, DC. https://documents1.worldbank.org/curated/en/827731530819395899/pdf/Paraguay-SCD-06292018.pdf.

World Bank. 2023. *Governance Risk Assessment System (GRAS): Advanced Data Analytics for Detecting Fraud, Corruption, and Collusion in Public Expenditures*. Equitable Growth, Finance and Institutions Insight—Governance. Washington, DC: World Bank. https://openknowledge.worldbank.org/handle/10986/40640.

CAPÍTULO 4

Una Evaluación Regional de la Analítica Gubernamental en América Latina y el Caribe

INTRODUCCIÓN

En este capítulo se ofrece una evaluación integral de la analítica gubernamental y sus condiciones propicias en América Latina y el Caribe, basada en datos de una encuesta original realizada en 20 países (mapa 4.1). En cada país, se entrevistó a funcionarios expertos en las funciones básicas del gobierno y en sus respectivos sistemas de información de gestión (MIS), lo que permitió evaluar cómo se utilizan los diferentes tipos de datos administrativos para abordar los desafíos que plantea la formulación de políticas. Por esta razón, la mayor parte del análisis se presenta a nivel del sistema de información de gestión.[1] La encuesta estuvo orientada a los MIS relacionados con las funciones básicas de gobierno: educación (sistema de información para la gestión de la educación o EdMIS), salud (sistema de información para la gestión de la salud, o HealthMIS), recursos humanos (sistema de información sobre la gestión de los recursos humanos o SIGRH), adquisiciones (e-Procurement), finanzas públicas (sistema de información sobre la gestión de las finanzas públicas o PFMIS) e impuestos (sistema de información para la gestión fiscal, o TaxMIS). También se recopilaron datos a nivel nacional sobre iniciativas gubernamentales orientadas a desarrollar la capacidad analítica de los funcionarios públicos. Los datos de las encuestas se analizan de acuerdo con el marco conceptual presentado en el capítulo 2: primero, se describe cómo es la analítica gubernamental en la región, y luego se analizan las capacidades organizacionales e individuales de los Gobiernos, así como su infraestructura de datos.

Un paquete reproducible está disponible para este libro en el Repositorio de Investigación Reproducible en https://reproducibility.worldbank.org/index.php/catalog/209.

MAPA 4.1 Países de América Latina y el Caribe que participaron en la encuesta

Fuente: Mapa original para esta publicación.

En la evaluación regional se destacan las formas en que los Gobiernos de América Latina y el Caribe ya están aprovechando los datos administrativos para la analítica, así como las áreas de política en las que la analítica puede ayudar a abordar nuevos desafíos. Se muestra que los Gobiernos de la región utilizan principalmente sus datos administrativos para producir analíticas descriptivas con fines operativos y transaccionales, como el monitoreo y la rendición de cuentas. Esto significa que los Gobiernos están perdiendo la oportunidad de utilizar análisis avanzados para mejorar la toma de decisiones, diseñar políticas públicas más eficaces y eficientes, y fortalecer el funcionamiento del sector público y la prestación de servicios.

Fortalecer las condiciones propicias para la analítica gubernamental es clave para capitalizar estas oportunidades. Por el momento, los Gobiernos de América Latina y el Caribe enfrentan importantes desafíos para desarrollar capacidades analíticas dentro de las agencias gubernamentales. Si bien reconocen la importancia de las habilidades analíticas y, en algunos casos, ofrecen programas de capacitación en esta área, los Gobiernos carecen de una carrera estructurada para los analistas de datos, de evaluaciones de conocimientos en materia de analítica de datos para los funcionarios públicos, de financiamiento para proyectos analíticosy de una estrategia general para orientar la administración pública hacia la formulación de políticas basadas en evidencia. Sin embargo, algunos gobiernos también están aplicando dos estrategias prometedoras para abordar la limitada capacidad analítica: colaborar con organizaciones académicas o internacionales y establecer unidades analíticas específicas.

Los Gobiernos de la región también enfrentan desafíos en materia de infraestructura de datos que les impiden aprovechar plenamente el potencial transformador de los MIS digitales y catalizar el valor de las inversiones que ya han realizado. Como se demuestra en los estudios de casos del capítulo 3, la analítica puede tener un mayor impacto en la formulación de políticas cuando se combinan datos gubernamentales de diferentes fuentes. A pesar de los avances logrados en materia de digitalización, muchos Gobiernos de la región aún deben lidiar con sistemas de información de gestión (MIS) con limitaciones en cuanto a la exhaustividad y funcionalidad de los datos, sistemas fragmentados, protocolos informales de acceso a los datos y escasas medidas de control de calidad. Los Gobiernos deben mejorar la funcionalidad, la interoperabilidad y la calidad de los datos de los MIS para que estos sistemas puedan respaldar mejor la toma de decisiones informadas.

Por último, la evaluación regional revela que la analítica, las capacidades y la infraestructura varían significativamente, no solo entre países sino también entre las distintas funciones de gobierno, lo que sugiere que los Gobiernos carecen de un enfoque sistemático de la analítica en toda la administración pública. Si bien los productos analíticos tienen mayor impacto cuando responden a necesidades específicas en materia de políticas, los Gobiernos pueden evitar la fragmentación y duplicación de esfuerzos creando ecosistemas propicios para la analítica en todo el Gobierno. Como muestran los resultados de la encuesta, este tipo de enfoque es especialmente necesario para garantizar la interoperabilidad de los MIS, desarrollar capacidades analíticas y crear una cultura para la toma de decisiones basada en evidencia en la administración pública. Al desglosar cómo varían los diferentes elementos del marco conceptual entre los distintos MIS, en este capítulo se ofrece evidencia empírica para ayudar a los Gobiernos a identificar oportunidades y debilidades por sí mismos y determinar cómo desarrollar ecosistemas propicios dentro de sus administraciones.

> **“ A lo largo de este capítulo, las opiniones de los servidores públicos expertos encuestados aparecen resaltadas en burbujas azules como esta.**

METODOLOGÍA DE LA ENCUESTA

Como se señaló anteriormente, la Encuesta de la Analítica Gubernamental en América Latina y el Caribe se llevó a cabo en 20 países. La misma consistió en siete cuestionarios (presentados en el apéndice D disponible en línea). Seis de estos cuestionarios individuales a nivel del MIS centrados por separado en cada tipo de sistema (EdMIS, HealthMIS, HRMIS, e-Procurement, PFMIS y TaxMIS). Otro cuestionario a nivel nacional (el "cuestionario sobre las capacidades") se centró en las iniciativas gubernamentales para cultivar la capacidad analítica de los funcionarios públicos. Más de 100 funcionarios de gobierno respondieron los cuestionarios yaportaron información basada en sus áreas específicas de especialización.

Por lo general, el cuestionario sobre capacidades lo completaba la agencia de gobierno digital del país (*n* = 16 países). Los cuestionarios del MIS fueron completados por diferentes organizaciones del sector público, dependiendo de la función gubernamental de que se trate. Generalmente, el cuestionario del sistema de información de gestión de educación (EdMIS) lo completaba el Ministerio de Educación del país (*n* = 13 países), el cuestionario del sistema de información de contrataciones públicas (e-Procurement) por el organismo de contrataciones del país (*n* = 11 países), el cuestionario del sistema de información de gestión de salud (HealthMIS) por el Ministerio de Salud (*n* = 14 países), el cuestionario del sistema de información de gestión de recursos humanos (HRMIS) por el Ministerio de Administración Pública (*n* = 14 países), el cuestionario del sistema de información de finanzas públicas (PFMIS) por el ministerio de finanzas o economía (*n* = 16 países), y el cuestionario de información de gestión de impuestos (TaxMIS) por la autoridad tributaria del Gobierno (*n* = 17 países). Para obtener más información sobre la metodología de la encuesta, véase el apéndice A.

¿CÓMO ES LA ANALÍTICA GUBERNAMENTAL EN AMÉRICA LATINA Y EL CARIBE?

¿Qué tipos de análisis realizan los Gobiernos?

Los Gobiernos de América Latina y el Caribe utilizan principalmente sus datos administrativos para realizar analíticas descriptivas. En la región, el 96 % de los MIS se utilizan para la analítica descriptiva, y esta tendencia es coherente en todas las funciones de gobierno consideradas en la encuesta (gráfico 4.1). Como se señala en el marco conceptual del capítulo 2, la analítica descriptiva permite a las agencias de Gobierno comprender el estado actual de sus operaciones y resumir los datos para el monitoreo y la presentación de informes. La analítica de diagnóstico es el segundo tipo de analítica más utilizado (55 % de los MIS) en la región, y la analítica predictiva se emplea con un poco menos de frecuencia (50 % de los MIS).

GRÁFICO 4.1 Tipos de analítica, por tipo de MIS

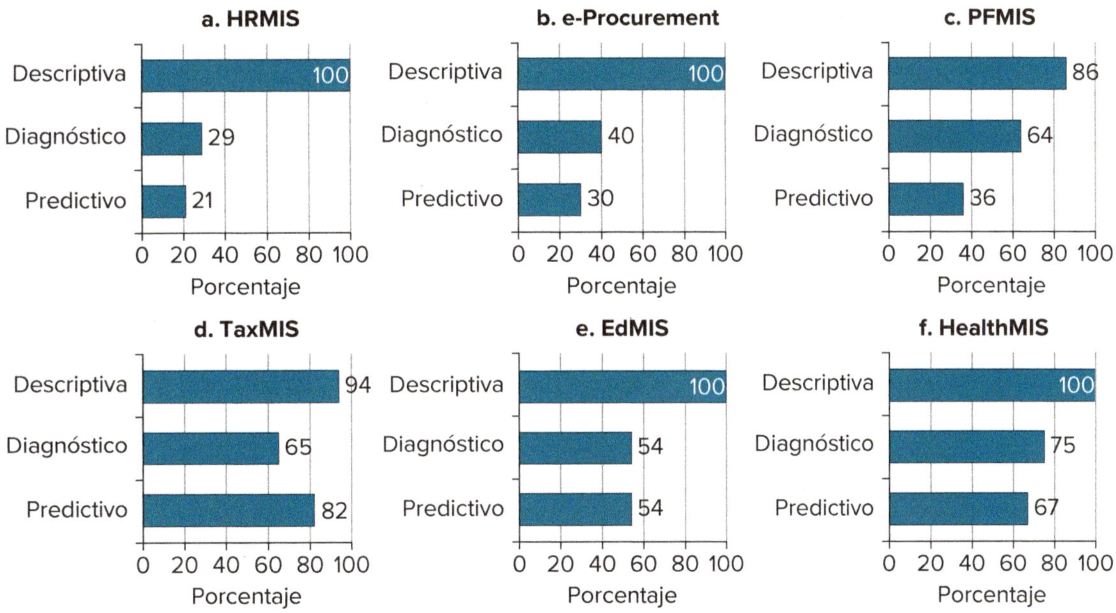

Fuente: Government Analytics Survey in Latin America and the Caribbean.
Nota: El gráfico muestra, por tipo de MIS, la proporción de sistemas de la región utilizados para cada tipo de análisis. Los resultados de cada tipo de MIS no suman el 100% porque la pregunta permitía respuestas múltiples. N = 85 MIS de países, distribuidos de la siguiente manera: Cuestionario EdMIS (n = 13 países); Cuestionario e-Procurement (n = 11 países); Cuestionario HealthMIS (n = 14 países); Cuestionario HRMIS (n = 14 países); Cuestionario PFMIS (n = 16 países); Cuestionario TaxMIS (n = 17 países). EdMIS = sistema de información sobre la gestión de la educación; e-Procurement = sistema de información sobre la gestión de las adquisiciones; HealthMIS = sistema de información sobre la gestión de la salud; HRMIS = sistema de información sobre la gestión de los recursos humanos; MIS = sistema de información sobre la gestión; PFMIS = sistema de información sobre la gestión de las finanzas públicas; TaxMIS = sistema de información sobre la gestión de los impuestos.

> **“ Se están haciendo esfuerzos para incorporar modelos predictivos en la atención médica; sin embargo, el principal problema es que no existen sistemas para generar estos modelos”.**
>
> **– Experto en HealthMIS**

Los tipos de analíticas que realizan los Gobiernos varían según el MIS y los países. La analítica descriptiva es la más común, como se ilustra en el gráfico 4.2. Los análisis de diagnóstico por sí solos son los menos comunes: solo en un país se utiliza el PFMIS únicamente para tal analítica. En numerosos países, los TaxMIS, EdMIS, y HealthMIs se utilizan para tipos de analíticas más complejas (combinaciones de analítica descriptiva, de diagnóstico y predictiva), lo que sugiere un enfoque más sofisticado de la analítica en estas funciones de gobierno. Por ejemplo, la analítica predictiva suele basarse en datos fiscales (principalmente para generar previsiones de ingresos tributarios) y datos de salud (por ejemplo, para predecir la probabilidad de propagación de enfermedades y respaldar la planificación de campañas de prevención). Por otro lado, los datos de los HRMIS se utilizan principalmente para analíticas descriptivas menos complejas.

Estos patrones sugieren que los Gobiernos de la región aún no utilizan plenamente sus datos administrativos y herramientas analíticas. Se pueden adoptar más medidas para utilizar los datos administrativos, especialmente los procedentes de HRMIS, los PFMIS y los sistemas de contrataciones públicas, para aplicaciones estratégicas basadas en analíticas de diagnóstico y predictivas: por ejemplo, para identificar las causas fundamentales de las deficiencias en el desempeño, respaldar las previsiones y orientar el diseño de políticas.

Del mismo modo en el que no todos los MIS se utilizan para todos los tipos de analítica, tampoco todos los elementos de datos de los MIS se utilizan de la misma manera. Si bien la mayoría de los datos disponibles dentro de cada tipo de MIS parecen emplearse para algún tipo de analítica, los elementos de datos específicos que se utilizan varían y se observan patrones distintos en cada uno de ellos (gráfico 4.3). Por ejemplo, dentro de los HRMIS, los datos sobre la situación laboral y las características del personal se utilizan mucho para la analítica (100 % y 93 % HRMIS, respectivamente), principalmente para la presentación de informes.

GRÁFICO 4.2 Tipos de analítica, por país y tipo de MIS

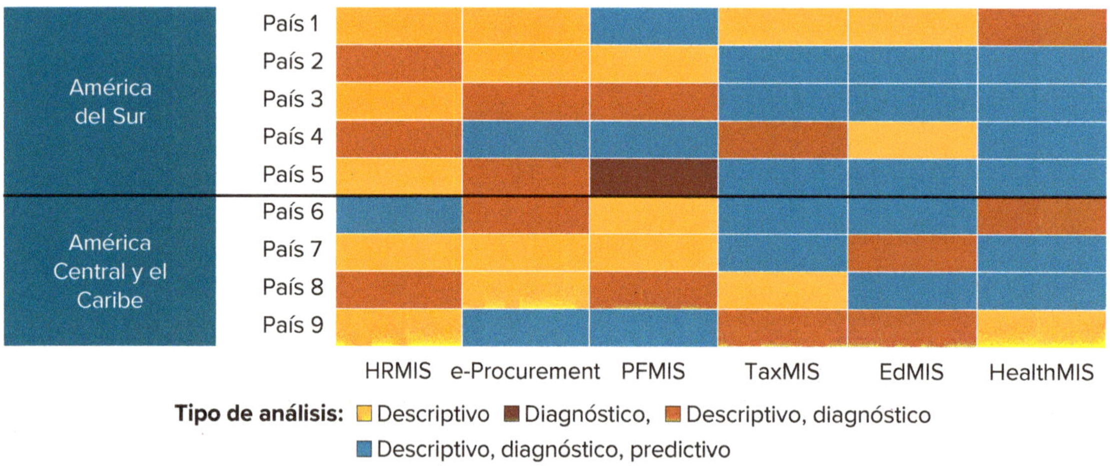

Fuente: Government Analytics Survey in Latin America and the Caribbean.
Nota: El gráfico muestra los tipos de análisis realizados por los MIS y los países de la región. Los datos presentados incluyen sólo los países que completaron los seis cuestionarios de los SIG. N = 54 MIS de países. EdMIS = sistema de información para la gestión de la educación; e-Procurement = sistema de información para la gestión de las adquisiciones; HealthMIS = sistema de información para la gestión de la salud; HRMIS = sistema de información para la gestión de los recursos humanos; MIS = sistema de información para la gestión; PFMIS = sistema de información para la gestión de las finanzas públicas; TaxMIS = sistema de información para la gestión de los impuestos.

GRÁFICO 4.3 Elementos de datos utilizados para la analítica, por tipo de MIS

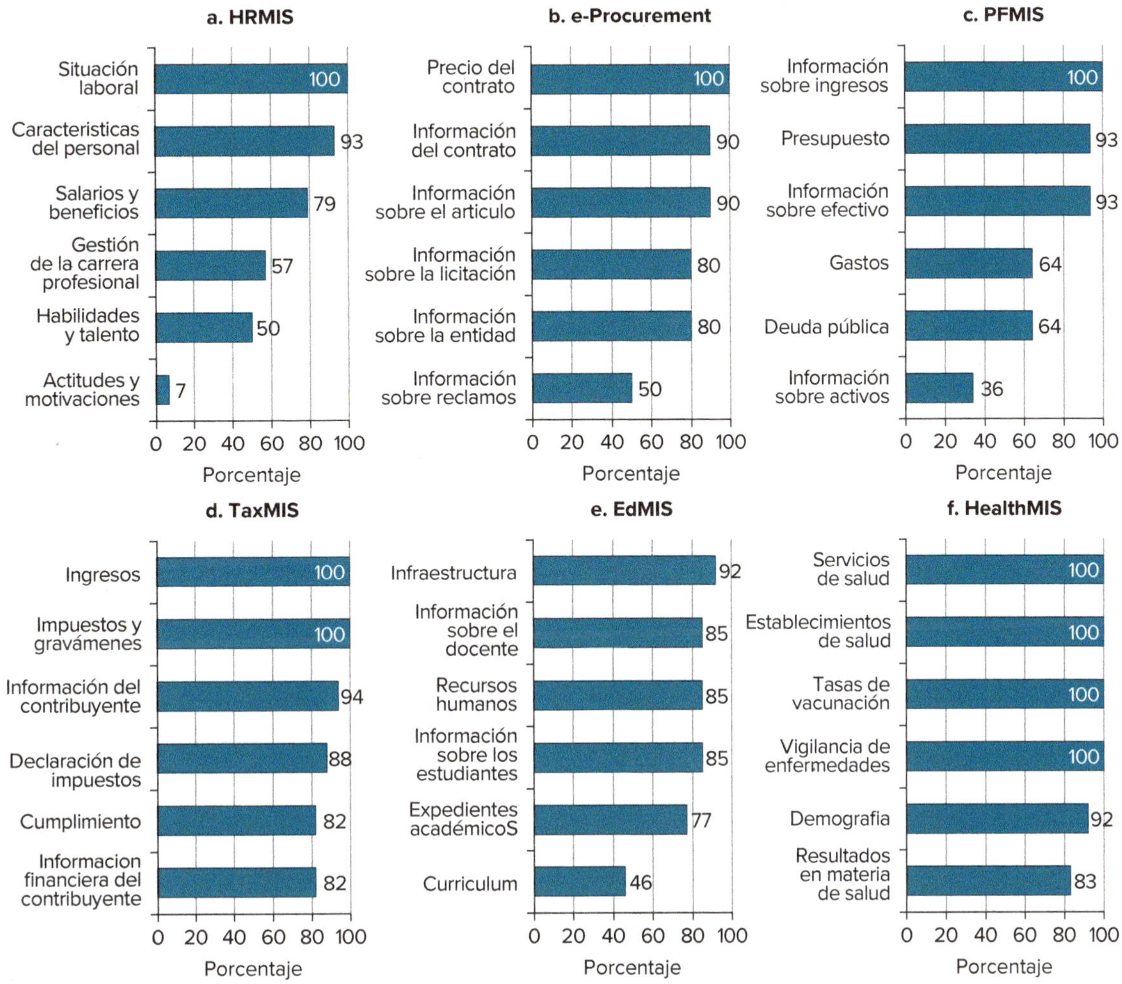

Fuente: Government Analytics Survey in Latin America and the Caribbean.

Nota: El gráfico muestra, por tipo de MIS, la proporción de sistemas de la región que utiliza cada tipo de elemento de datos para la analítica. Los datos presentados incluyen sólo los países con los elementos de datos especificados en sus MIS. Los resultados de cada tipo de MIS no suman el 100% porque la pregunta permitía respuestas múltiples. N = 85 MIS de países, distribuidos de la siguiente manera: Cuestionario EdMIS (n = 13 países); Cuestionario e- Procurement (n = 11 países); Cuestionario HealthMIS (n = 14 países); Cuestionario HRMIS (n = 14 países); Cuestionario PFMIS (n = 16 países); Cuestionario TaxMIS (n = 17 países). EdMIS = sistema de información para la gestión de la educación; e-Procurement = sistema de información para la gestión de las adquisiciones; HealthMIS = sistema de información para la gestión de la salud; HRMIS = sistema de información para la gestión de los recursos humanos; MIS = sistema de información para la gestión; PFMIS = sistema de información para la gestión de las finanzas públicas; TaxMIS = sistema de información para la gestión de los impuestos.

> **“Aunque cubrimos los seis elementos de datos descritos, debe aclararse que se encuentran en diferentes sistemas”.**
>
> **– Experto en EdMIS**

Los datos sobre las habilidades y talentos de los empleados y sobre sus actitudes y motivaciones están comparativamente infrautilizados (50 % y 7 % de los sistemas de información de gestión de recursos humanos, respectivamente). Del mismo modo, dentro de los sistemas de contrataciones públicas, los datos sobre reclamaciones son los menos utilizados (50 % de los sistemas de e- Procurement), mientras que los datos sobre precios de contratos se utilizan ampliamente (100 % de los sistemas de adquisiciones electrónicas). Dentro de los PFMIS públicas, los datos sobre los activos de propiedad estatal están muy infrautilizados para la analítica (36 % de los sistemas de gestión de las finanzas públicas), mientras que los datos sobre ingresos y los datos presupuestarios se utilizan ampliamente (100 % y 93 % de los sistemas de gestión de las finanzas públicas, respectivamente). Por último, dentro de los sistemas de información de gestión de educación, los datos curriculares y los expedientes académicos de los estudiantes son los menos utilizados para la analítica (el 46 % y el 77 % de los sistemas de información de gestión de educación, respectivamente).

¿Por qué los Gobiernos utilizan algunos elementos de datos administrativos para analítica más que otros? Esta tendencia señala limitaciones en las condiciones habilitantes para la analítica gubernamental. Es posible que no se pueda acceder fácilmente a los elementos de datos debido al escaso intercambio de datos entre las agencias gubernamentales y a la escasa interoperabilidad entre los sistemas de información.

Incluso si los elementos de datos son accesibles, las limitaciones de la infraestructura pueden limitar su uso. Por ejemplo, los datos de recursos humanos sobre las actitudes y motivaciones de los empleados suelen provenir de encuestas realizadas a funcionarios públicos, que a menudo no están integradas en los sistemas de información de gestión de recursos humanos. Del mismo modo, los datos de las reclamaciones a menudo no están integrados en los sistemas de contrataciones públicas, sino que requieren la integración con una base de datos de reclamaciones separada. Estos desafíos se describen más adelante en la sección dedicada a la infraestructura de datos.

¿Cómo aplican los Gobiernos la analítica?

Las agencias gubernamentales de América Latina y el Caribe utilizan principalmente productos analíticos basados en datos administrativos para el monitoreo y la rendición de cuentas, y para aumentar la transparencia del Gobierno ante los ciudadanos. Más del 93 % de los encuestados señaló que el monitoreo es la principal aplicación de los servicios analíticos, el 81 % mencionó la transparencia ciudadana y el 79% mencionó la rendición de cuentas (gráfico 4.4). Estas conclusiones concuerdan con la adopción generalizada de tableros de control e iniciativas de datos abiertos en toda la región.

GRÁFICO 4.4 Aplicaciones de los productos analíticos

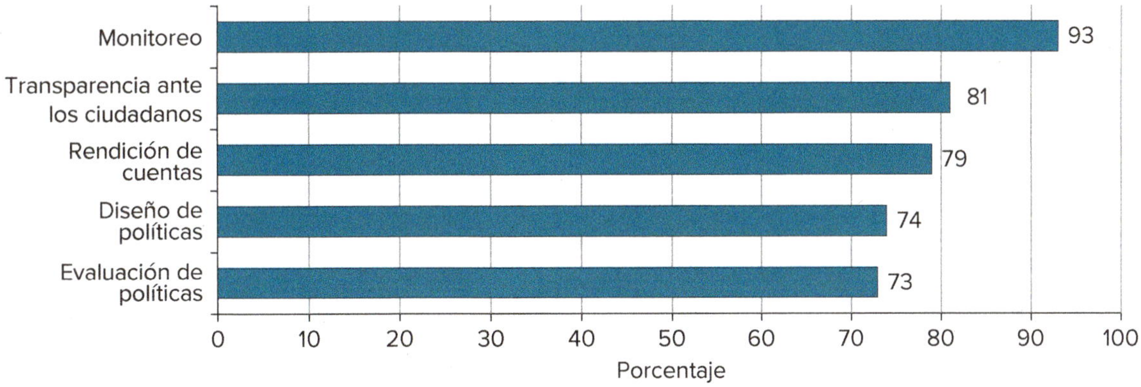

Fuente: Government Analytics Survey in Latin America and the Caribbean.
Nota: El gráfico muestra la proporción de MIS en la región que se utilizan para cada aplicación. Los resultados no totalizaron el 100 % porque la pregunta permite múltiples respuestas. N = 85 MIS de países. MIS = sistemas de información de gestión.

Los Gobiernos de la región utilizan con menos frecuencia la analítica de datos administrativos para la evaluación y el diseño de políticas; Sin embargo, para algunas funciones de gobierno, esta diferencia no es sustancial (gráfico 4.5). El uso generalizado de la analítica para el monitoreo y la rendición de cuentas representa un primer paso hacia una administración pública más responsable. Del mismo modo, el uso más limitado de la analítica para la evaluación y el diseño de políticas representa una oportunidad de utilizar los datos administrativos de manera más estratégica para mejorar el funcionamiento de la administración, ampliando el alcance de estas aplicaciones analíticas.

¿Cómo se distribuye la analítica gubernamental?

Como se señala en el marco conceptual del capítulo 2, la producción analítica puede ser ad hoc, burocrática o estratégica. La mayoría de los encuestados describieron la producción analítica en sus organizaciones como estratégica, lo que significa que sus organizaciones producen analíticas continuamente en respuesta a un plan estratégico general. Los productos analíticos resultantes a menudo adoptan la forma de tableros de mando de datos con fines de control. Sin embargo, no toda la producción analítica de los MIS sigue este patrón. La producción analítica del sistema de información de gestión de recursos humanos es principalmente burocrática y refleja un enfoque más centrado en el cumplimiento de la normativa que en las perspectivas estratégicas (gráfico 4.6).

GRÁFICO 4.5 Aplicaciones de los productos analíticos, por tipo de SIG

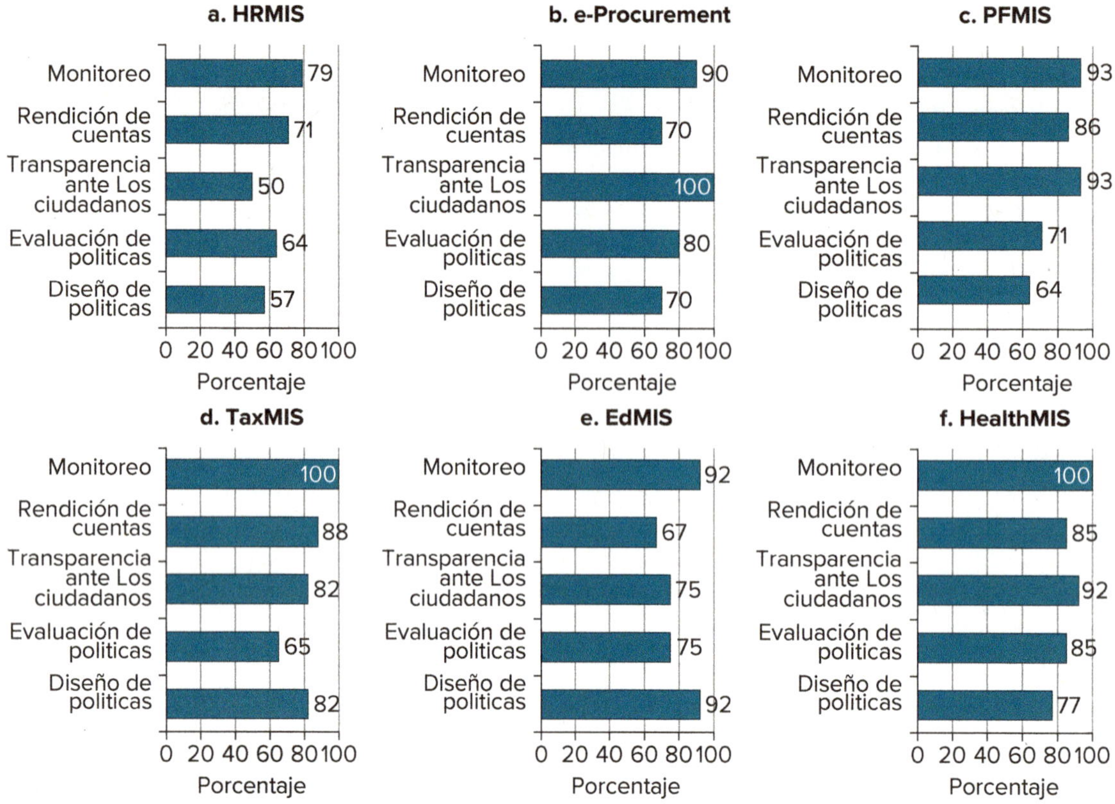

Fuente: Government Analytics Survey in Latin America and the Caribbean.
Nota: El gráfico muestra, por tipo de MIS, la proporción de sistemas de la región que se utilizan para cada aplicación. Los resultados de cada tipo de MIS no suman el 100% porque la pregunta permitía respuestas múltiples. N = 85 MIS de países, distribuidos de la siguiente manera: Cuestionario EdMIS (n = 13 países); Cuestionario e-Procurement (n = 11 países); Cuestionario HealthMIS (n = 14 países); Cuestionario HRMIS (n = 14 países); Cuestionario PFMIS (n = 16 países); Cuestionario TaxMIS (n = 17 países). EdMIS = sistema de información para la gestión de la educación; e-Procurement = sistema de información para la gestión de las adquisiciones; HealthMIS = sistema de información para la gestión de la salud; HRMIS = sistema de información para la gestión de los recursos humanos; MIS = sistema de información para la gestión; PFMIS = sistema de información para la gestión de las finanzas públicas; TaxMIS = sistema de información para la gestión de los impuestos.

GRÁFICO 4.6 Tipos de producción analítica, por tipo de MIS

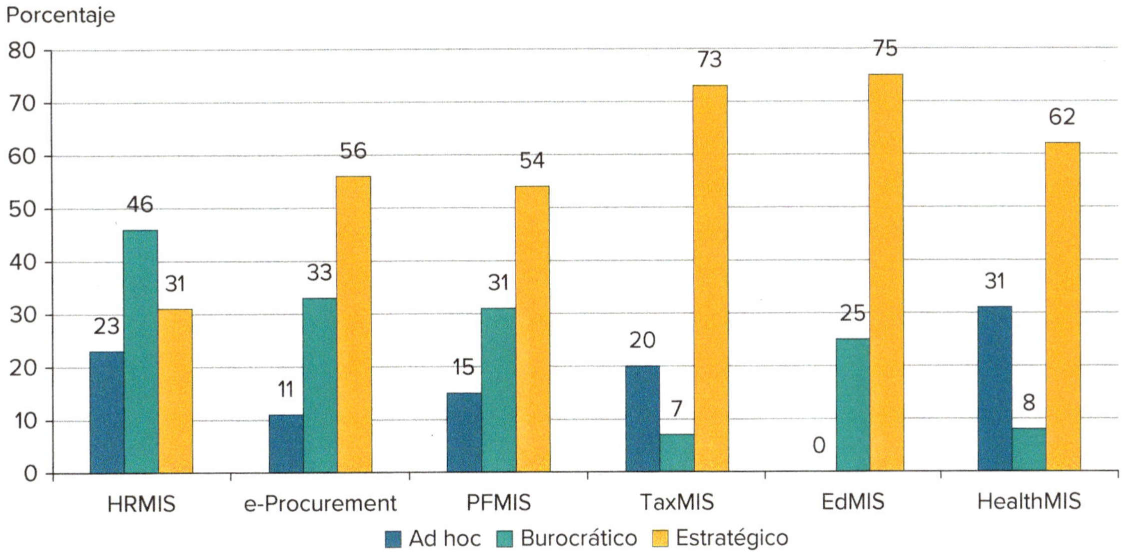

Fuente: Government Analytics Survey in Latin America and the Caribbean.
Nota: El gráfico muestra, por tipo de MIS, la proporción de sistemas de la región que elaboran productos analíticos de forma ad hoc, burocrática o estratégica. N = 85 MIS de países, distribuidos del siguiente modo: Cuestionario EdMIS (n = 13 países); Cuestionario e-Procurement (n = 11 países); Cuestionario HealthMIS (n = 14 países); Cuestionario HRMIS (n = 14 países); Cuestionario PFMIS (n = 16 países); Cuestionario TaxMIS (n = 17 países). EdMIS = sistema de información para la gestión de la educación; e-Procurement = sistema de información para la gestión de las adquisiciones; HealthMIS = sistema de información para la gestión de la salud; HRMIS = sistema de información para la gestión de los recursos humanos; MIS = sistema de información para la gestión; PFMIS = sistema de información para la gestión de las finanzas públicas; TaxMIS = sistema de información para la gestión de los impuestos.

¿QUÉ CAPACIDADES ANALÍTICAS POSEEN LOS GOBIERNOS DE LA REGIÓN?

Como se describe en el marco conceptual del capítulo 2, las capacidades analíticas, incluidas la dotación de personal adecuada, el desarrollo profesional y de competencias, y las oportunidades de financiamiento, son una condición esencial para la analítica gubernamental. Los resultados de la encuesta indican que los Gobiernos de América Latina y el Caribe tienen un margen importante para desarrollar sus capacidades analíticas.

Los Gobiernos de la región se enfrentan a una escasez de oportunidades estructuradas de desarrollo profesional en el área de analítica, que son esenciales para atraer y retener a analistas de datos cualificados en el sector público. Solo el 12 % de los Gobiernos cuenta con una carrera profesional específica para los analistas de datos (gráfico 4.7). Por este motivo, muchos proyectos de MIS digitales de la región sufren una pérdida progresiva de recursos humanos hacia otros proyectos que ofrecen mejores perspectivas de carrera o salarios más altos (Porrúa y otros, 2021). Cuando los Gobiernos carecen de incentivos profesionales para los analistas de datos, pueden socavar significativamente las inversiones que han realizado para contratar y capacitar a este personal calificado (OCDE, 2014).

GRÁFICO 4.7 Trayectorias profesionales, formación y evaluaciones en materia de la analítica

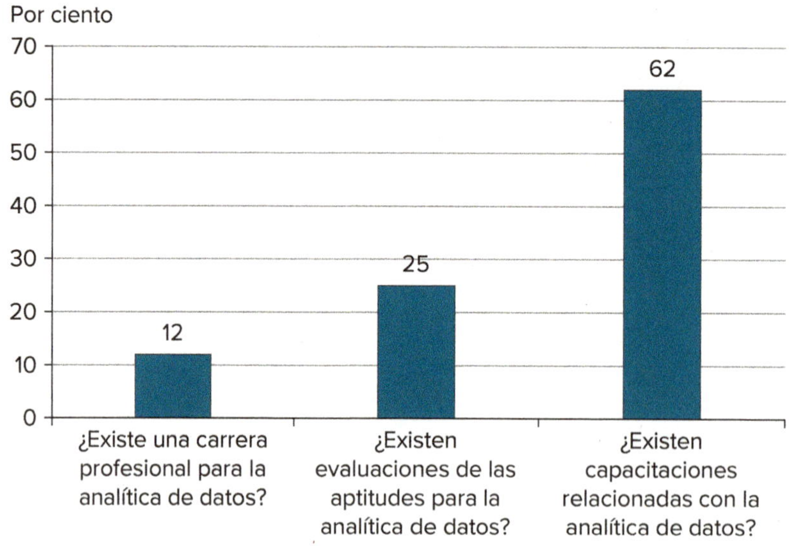

Fuente: Government Analytics Survey in Latin America and the Caribbean.
Nota: El gráfico muestra la proporción de países de América Latina y el Caribe encuestados cuya respuesta a cada pregunta es afirmativa. n = 16 países.

Los Gobiernos de América Latina y el Caribe también ofrecen pocas opciones para la evaluación de capacidades y la formación en analítica de datos (gráfico 4.7), y las opciones que existen no están estrechamente integradas con un plan estratégico o programa de trabajo sobre analítica gubernamental. De los países encuestados, el 62 % afirma ofrecer programas de capacitación para fortalecer las capacidades analíticas de los trabajadores del sector público. La gama de estas opciones de formación es amplia y abarca diferentes formatos, duraciones, contenidos y objetivos. Sin embargo, solo el 25 % de los países encuestados evalúa la competencia de su personal en el análisis de datos. Además, los programas de formación existentes fueron descritos por los expertos en gobierno digital encuestas como esporádicos y, en ocasiones, como carentes de una estructura cohesionada y de un camino claro para aplicar las nuevas habilidades adquiridas en los programas de trabajo existentes. Para ser eficaces, los programas de capacitación deben diseñarse sobre la base de una evaluación de las competencias analíticas ya existentes en la plantilla del sector público en relación con las necesidades de conocimientos analíticos a medio y largo plazo. Los Gobiernos que no evalúen las competencias de los funcionarios y las comparan con los objetivos estratégicos corren el riesgo de ofrecer una formación que no refleje las habilidades que necesitan los funcionarios.

> **“Los puestos de analista de datos existen en toda la administración, pero no hay una progresión profesional específicamente diseñada para estos roles”.**

Como apuntan estos resultados, los gobiernos de la región necesitan esfuerzos más estructurados para cultivar la experiencia analítica dentro de las agencias gubernamentales, así como un enfoque más estratégico para establecer la producción analítica como un flujo de trabajo central en la administración pública. Las organizaciones necesitan una financiación estable y específica para producir productos analíticos, establecer flujos de trabajo que conecten estrechamente las necesidades políticas con la producción analítica y crear capacidades analíticas dentro de las agencias de gobierno. Sin embargo, muchas agencias se enfrentan a importantes retos a la hora de garantizar una financiación constante para las iniciativas analíticas, ya que los recursos son limitados y las prioridades suelen cambiar con rapidez. La financiación de la analítica debe equilibrarse con otras necesidades del presupuesto general del gobierno.

Para mitigar estos desafíos, las agencias deben asegurar la financiación de la analítica mediante una cuidadosa consideración, planificación estratégica y una visión a largo plazo. Solo el 33 % de los expertos encuestados afirma que sus gobiernos ofrecen oportunidades de financiamiento interno para iniciativas analíticas. Como se observa en el gráfico 4.8, las oportunidades de financiamiento interno parecen ser más extendidas para los proyectos analíticos relacionados con la educación y la salud (46 % y 43 % de los MIS, respectivamente).

GRÁFICO 4.8 Oportunidades de financiamiento interno y colaboración con académicos, organizaciones sin fines de lucro u organizaciones multilaterales en proyectos de analítica, por tipo de MIS

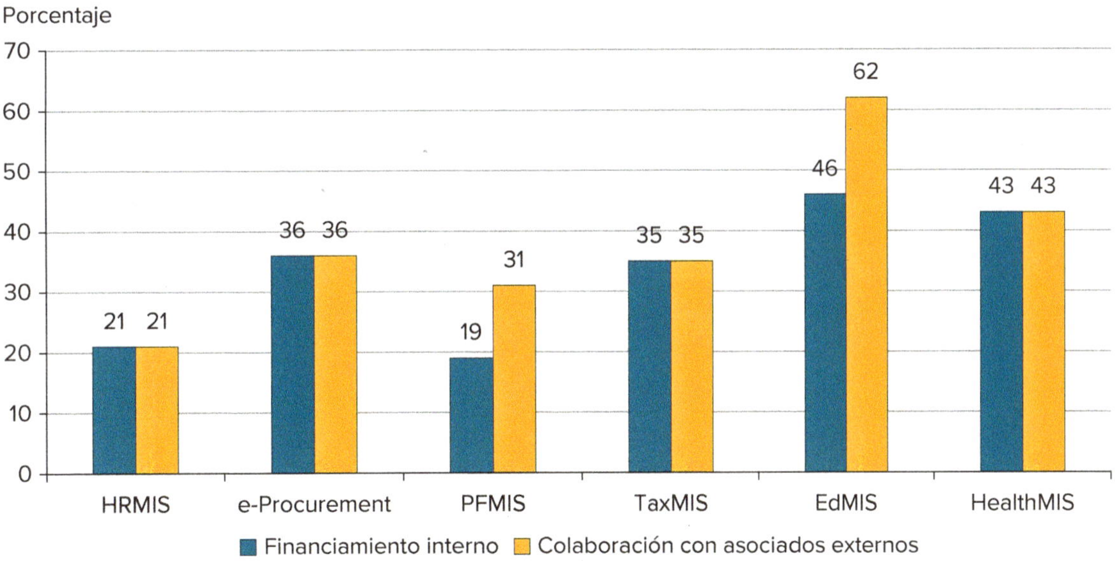

Fuente: Government Analytics Survey in Latin America and the Caribbean.
Nota: El gráfico muestra, por tipo de SIG, la proporción de sistemas de la región que disponen de oportunidades de financiación interna para desarrollar productos analíticos o que colaboran con socios externos en el análisis de datos. N = 85 MIS de países, distribuidos de la siguiente manera: Cuestionario EdMIS (n = 13 países); Cuestionario e-Procurement (n = 11 países); Cuestionario HealthMIS (n = 14 países); Cuestionario HRMIS (n = 14 países); Cuestionario PFMIS (n = 16 países); Cuestionario TaxMIS (n = 17 países). EdMIS = sistema de información para la gestión de la educación; e-Procurement = sistema de información para la gestión de las adquisiciones; HealthMIS = sistema de información para la gestión de la salud; HRMIS = sistema de información para la gestión de los recursos humanos; MIS = sistema de información para la gestión; PFMIS = sistema de información para la gestión de las finanzas públicas; TaxMIS = sistema de información para la gestión de los impuestos.

> **Los presupuestos públicos son limitados, por lo que se identifican brechas de financiamiento para solicitar alineamiento y apoyo a través de la cooperación internacional".**
>
> **– Experto en PFMIS**

El apoyo de organizaciones internacionales y donantes puede ayudar a subsanar estas deficiencias. El principal impulsor de la colaboración en analítica de datos con asociados externos es la necesidad de asistencia técnica (gráfico 4.9), lo que sugiere una oportunidad estratégica para que las agencias gubernamentales aprovechen la experiencia externa para mejorar la analítica, en particular cuando los recursos y capacidades internas son limitadas. Sin embargo, las mismas funciones de gobierno que tienen más probabilidades de recibir financiamiento interno también son más propensas a colaborar estratégicamente en proyectos analíticos con académicos, organizaciones sin fines de lucro u organizaciones multilaterales. Las oportunidades de financiamiento interno y las colaboraciones externas para proyectos analíticos basados en HRMIS, e-Procurement, PFMIS o TaxMIS parecen ser muy limitadas (menos del 36 % de los encuestados informaron de ellas), como se muestra en el gráfico 4.8.

GRÁFICO 4.9 Factores que impulsan la colaboración en materia de analítica con académicos, organizaciones sin fines de lucro u organizaciones multilaterales

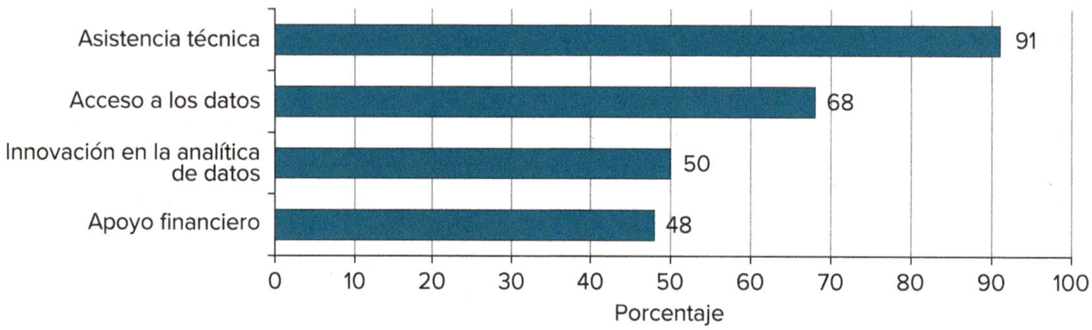

Fuente: Government Analytics Survey in Latin America and the Caribbean.
Nota: El gráfico muestra la proporción de MIS de la región en que cada categoría descrita impulsa la colaboración con asociados externos en el análisis de datos. Los resultados no totalizaron el 100 % porque la pregunta permitía múltiples respuestas. N = 85 MIS de países. MIS = sistema de información de gestión.

> **"Colaboramos a pedido, pero no como parte de una estrategia".**
>
> **– Experto en TaxMIS**

> **“El presupuesto institucional no incluye un apartado específico para investigación o analítica de datos; Sin embargo, sí incluye el pago de salarios del personal institucional, lo que significa que hay un apoyo presupuestario indirecto”.**
>
> **– Experto en PFMIS**

Los Gobiernos de la región también pueden sistematizar el uso de la analítica en la toma de decisiones incorporando unidades dedicadas a la analítica en la estructura organizacional de la administración pública. Las unidades de análisis pueden ayudar al Gobierno a atraer analistas de datos, establecer un flujo de trabajo analítico coherente y a largo plazo; y garantizar financiamiento periódico mediante la contratación de personal especializado. Casi el 80 % de los expertos encuestados informaron que sus Gobiernos cuentan con unidades especializadas encargadas de realizar analíticas utilizando datos administrativos. Sin embargo, muchos encuestados señalaron que estas unidades no se dedican exclusivamente a la analítica, ya que dividen su tiempo de trabajo entre tareas analíticas y funciones operativas, según sea necesario. Solo unos pocos encuestados mencionaron la existencia de un laboratorio de innovación o un equipo dedicado exclusivamente a la elaboración de analíticas. Depender de equipos a tiempo parcial para las tareas analíticas puede conducir a resultados deficientes, ya que estos equipos podrían dar mayor prioridad a las necesidades operativas inmediatas que a objetivos analíticos más amplios, perdiendo oportunidades para la innovación, la optimización y la planificación a largo plazo para la formulación de políticas basadas en evidencia.

¿CUÁL ES EL ESTADO DE LA INFRAESTRUCTURA DE DATOS EN LA REGIÓN?

Como se describe en el marco conceptual del capítulo 2, la infraestructura de datos también es una condición clave para la analítica gubernamental. Una infraestructura de datos obsoleta o inadecuada limita la calidad y accesibilidad de los datos, lo que dificulta a las organizaciones el uso de datos administrativos para el análisis y la formulación de políticas.

Los problemas de infraestructura de datos obstaculizan el desarrollo de la analítica en América Latina y el Caribe: aunque la región es pionera a nivel mundial en el establecimiento de MIS (como se analiza en el capítulo 1), el 61% de los expertos en MIS encuestados informaron que sus sistemas no están totalmente digitalizados.

Los niveles de digitalización de los MIS varían considerablemente según la función del Gobierno (gráfico 4.10). Los TaxMIS y PFMIS presentan un grado relativamente alto de digitalización (el 71 % y el 50 % de estos tipos de MIS, respectivamente, están totalmente digitalizados), mientras que los HealthMIS muestran el grado de digitalización más bajo. En el sector de la salud, solo el 8 % de los encuestados informó que su sistema estaba totalmente digitalizado. Según los expertos en SIG, cierta información todavía se registra en documentos Word, PDF y hojas de cálculo de Excel. Los niveles de digitalización también varían significativamente entre los diferentes tipos de sistemas de información de gestión dentro de un mismo país (gráfico 4.11). Aunque algunos países cuentan con más MIS totalmente digitalizados que otros, los MIS tributarios son habitualmente los más avanzados.

GRÁFICO 4.10 Sistemas totalmente digitalizados, por tipo de MIS

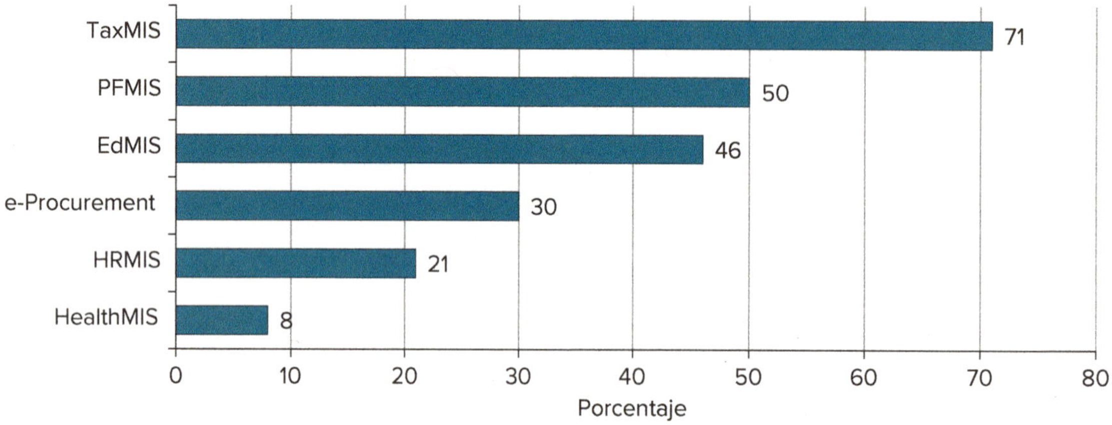

Fuente: Government Analytics Survey in Latin America and the Caribbean.
Nota: El gráfico muestra, por tipo de MIS, la proporción de sistemas de la región que están totalmente digitalizados. N = 85 MIS de países, distribuidos del siguiente modo: Cuestionario EdMIS (n = 13 países); Cuestionario e-Procurement (n = 11 países); Cuestionario HealthMIS (n = 14 países); Cuestionario HRMIS (n = 14 países); Cuestionario PFMIS (n = 16 países); Cuestionario TaxMIS (n = 17 países). EdMIS = sistema de información para la gestión de la educación; e-Procurement = sistema de información para la gestión de las adquisiciones; HealthMIS = sistema de información para la gestión de la salud; HRMIS = sistema de información para la gestión de los recursos humanos; MIS = sistema de información para la gestión; PFMIS = sistema de información para la gestión de las finanzas públicas; TaxMIS = sistema de información para la gestión de los impuestos.

GRÁFICO 4.11 Sistemas totalmente digitalizados, por país y tipo de MIS

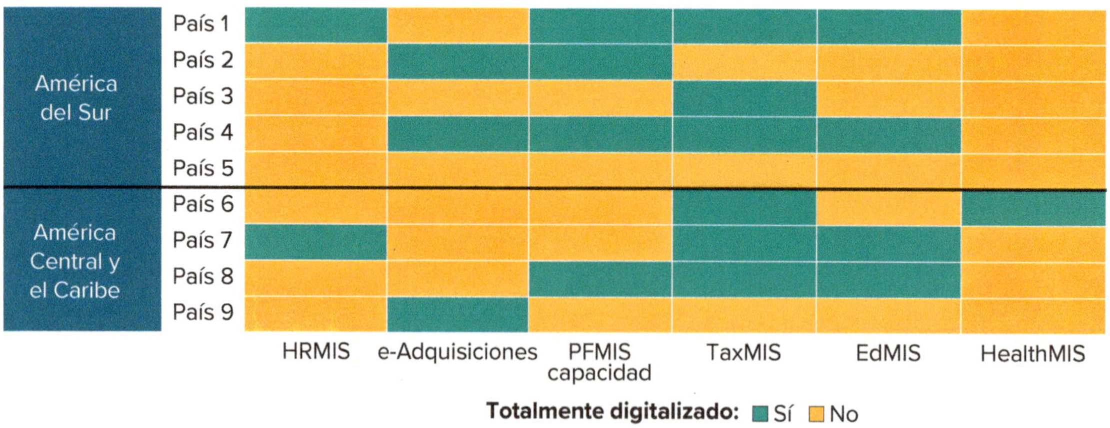

Fuente: Government Analytics Survey in Latin America and the Caribbean.
Nota: El gráfico muestra el nivel de digitalización de los sistemas en los MIS y los países de la región. Los datos presentados en incluyen únicamente a los países que completaron los seis cuestionarios sobre SIG. n = 54 países-SIG. EdMIS = education management information system; e-Procurement = procurement management information system; HealthMIS = health management information system; HRMIS = human resources management information system; MIS = management information system; PFMIS = public financial management information system; TaxMIS = tax management information system

> **“Las contrataciones publicas están parcialmente digitalizadas: todavía se utilizan documentos de Word, PDF, imágenes, Excel y archivos CSV [valores separados por comas]”.**
>
> **– Experto en e-Procurement**

¿Por qué la digitalización se limita a algunas funciones de gobierno? Los expertos en MIS encuestados indicaron que la fragmentación de los datos y los sistemas aislados limitan la digitalización: por ejemplo, cuando los historiales médicos se conservan en formato físico, las etapas del c i c lo de contratación pública se realizan fuera del sistema de contrataciones del Gobierno, o la información de la nómina y los datos sobre evaluaciones de desempeño y trayectorias profesionales se mantienen en sistemas separados.

La fragmentación también puede producirse si distintos ministerios utilizan sistemas de contratación diferentes, o si distintos hospitales tienen portales diferentes para registrar la información sobre los servicios prestados. Cuando los sistemas están fragmentados, varios subsistemas funcionan de forma independiente, y algunos están digitalizados, pero otros no. Esto hace prácticamente imposible crear un MIS centralizado y totalmente digitalizado con información detallada, precisa y actualizada, lo que impide a los gobiernos aprovechar eficazmente los datos administrativos. La fragmentación también significa que las agencias gubernamentales no pueden acceder a los datos administrativos de las demás ni utilizarlos, lo que les impide combinar datos de múltiples fuentes para generar nueva evidencia. El intercambio de datos entre agencias gubernamentales se ve limitado por la insuficiencia de protocolos formales de acceso a los datos administrativos. Estos protocolos tienen un doble propósito: ayudan a mantener la confianza en el organismo responsable de producir los datos y garantizan un acceso ininterrumpido a los datos a lo largo del tiempo.

> **“El Ministerio de Salud Pública cuenta con 103 sistemas de información, la mayoría de los cuales no son interoperables”.**
>
> **– Experto en HealthMIS**
>
> **“El MIS está compuesto por varios módulos para la gestión de los subsistemas de talento humano; Sin embargo, algunos de estos módulos hasta la fecha aún no están completamente automatizados o digitalizados”.**
>
> **– Experto en HRMIS**

> **No hay un protocolo único; cada colaboración deriva de un acuerdo que regula las normas de relación, y tenemos políticas y estándares para el uso y manejo de datos".**
>
> **– Experto en HealthMIS**
>
> **"Existe un sistema verbal [de acceso a los datos], pero no un procedimiento formal escrito".**
>
> **– Experto en Sistema de información de gestión de salud**

Si bien existen —el 57 % de los expertos en MIS afirmaron que existen protocolos formales que regulan el acceso a los datos administrativos— muchos de estos protocolos parecen ser acuerdos ad hoc entre la agencia que gestiona el sistema de información de gestión y quienes procuran acceder a los datos. Estos acuerdos ad hoc a menudo carecen de directrices explícitas y estandarizadas, así como de requisitos y restricciones para el intercambio de datos.

Según algunos expertos en SIG, la accesibilidad de los datos se ve facilitada por las leyes que rigen las iniciativas de datos abiertos. Sin embargo, estas leyes suelen estar diseñadas pensando en los consumidores externos, no en los agentes internos de la Administración. En consecuencia, los datos facilitados a través de estas iniciativas quizá no tengan un nivel de detalle suficiente para generar información valiosa sobre el funcionamiento de la administración pública. Por el contrario, según el Índice de Gobierno Digital de la Organización para la Cooperación y el Desarrollo Económicos, el 96% de los países miembros de la organización fuera de América Latina y el Caribe informan que tienen un requisito formal explícito para el intercambio de datos entre agencias gubernamentales (OCDE 2019).[2] Sin protocolos más formales en América Latina y el Caribe, los datos pueden ser accesibles solo para aquellos organismos que tienen la influencia política para negociar el acceso.

Sin embargo, al igual que en el caso de las aplicaciones y capacidades analíticas, los protocolos formales de acceso varían según las diferentes funciones de gobierno. Como se ilustra en el gráfico 4.12, los protocolos de acceso parecen estar más presentes en los HRMIS (86 %) y en e- Procurement (73 %) y en los TaxMIS (71 %), mientras que son menos comunes en el caso de los EdMIS y HealthMIS (38 % y 14 %, respectivamente). Este patrón también se mantiene dentro de los países: incluso si la mayoría de los MIS de un país cuentan con protocolos formales para gestionar y compartir datos, los HealthMIS y los e-Procurement son excepciones (gráfico 4.13). Esta variación puede deberse a los distintos marcos regulatorios, los niveles de fragmentación de los datos, las prioridades institucionales o los niveles de participación de las partes interesadas en los organismos que administran estos sistemas de información. En el caso de los HealthMIS, la ausencia de protocolos de acceso formales también puede deberse a su bajo grado de digitalización, como se señaló anteriormente.

GRÁFICO 4.12 Protocolos formales de acceso a los datos, por tipo de MIS

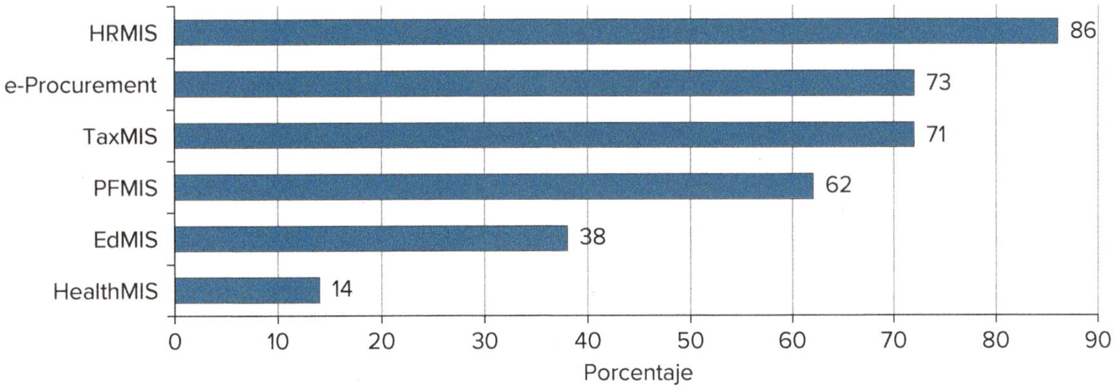

Fuente: Government Analytics Survey in Latin America and the Caribbean.
Nota: El gráfico muestra, por tipo de SIG, la proporción de sistemas de la región que disponen de protocolos formales para acceder a los datos del sistema. N = 85 MIS de países, distribuidos del siguiente modo: Cuestionario EdMIS (n = 13 países); Cuestionario e-Procurement (n = 11 países); Cuestionario HealthMIS (n = 14 países); Cuestionario HRMIS (n = 14 países); Cuestionario PFMIS (n = 16 países); Cuestionario TaxMIS (n = 17 países). EdMIS = sistema de información sobre la gestión de la educación; e-Procurement = sistema de información sobre la gestión de las adquisiciones; HealthMIS = sistema de información sobre la gestión de la salud; HRMIS = sistema de información sobre la gestión de los recursos humanos; MIS = sistema de información sobre la gestión; PFMIS = sistema de información sobre la gestión de las finanzas públicas; TaxMIS = sistema de información sobre la gestión de los impuestos.

GRÁFICO 4.13 Protocolos formales de acceso a los datos, por país y tipo de sistema de información de gestión

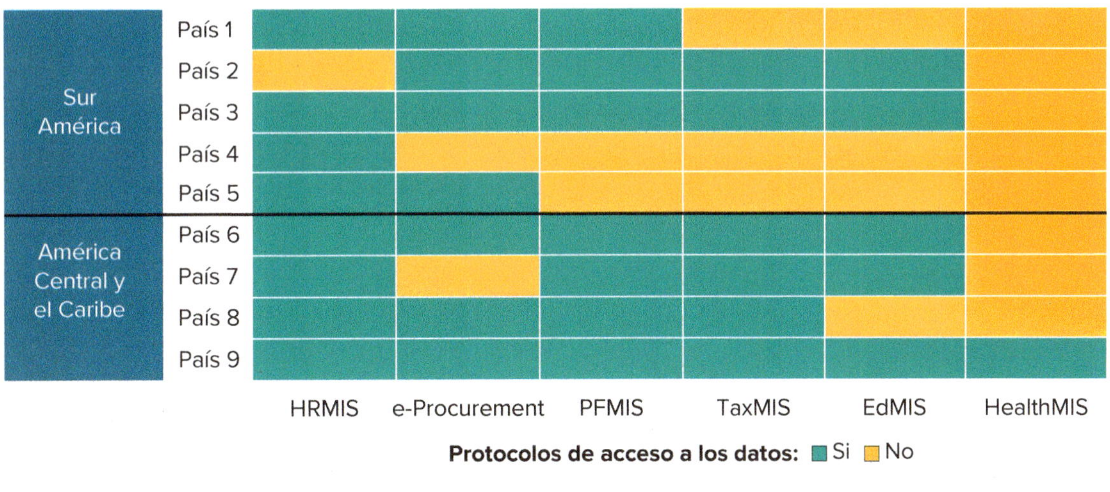

Fuente: Government Analytics Survey in Latin America and the Caribbean.
Nota: El gráfico muestra la existencia de protocolos formales para acceder a los datos del sistema en todos los MIS y países de la región. Los datos presentados incluyen sólo a los países que completaron los seis cuestionarios de los SIG. n = 54 países-SIG. EdMIS = sistema de información sobre la gestión de la educación; e-Procurement = sistema de información sobre la gestión de las adquisiciones; HealthMIS = sistema de información sobre la gestión de la salud; HRMIS = sistema de información sobre la gestión de los recursos humanos; MIS = sistema de información sobre la gestión; PFMIS = sistema de información sobre la gestión de las finanzas públicas; TaxMIS = sistema de información sobre la gestión de los impuestos.

> “El sistema de información de gestión de salud está parcialmente digitalizado debido a la existencia de algunos formularios físicos que no están integrados en el sistema”.
>
> – Experto en HealthMIS

La accesibilidad a los datos también se ve limitada cuando las organizaciones carecen de información sistematizada sobre los datos disponibles en los sistemas de información. Según más de la mitad (58%) de los expertos en MIS encuestados, los sistemas con los que trabajan carecen de inventarios de datos exhaustivos que enumeren todos los elementos de datos disponibles en un SIG. Sin inventarios de datos, las agencias tienen dificultades para determinar qué tipos de datos están disponibles y dónde se almacenan, lo que les complica la tarea de concebir y ejecutar nuevos proyectos analíticos. Además, sin una documentación exhaustiva, las agencias no pueden gestionar adecuadamente los datos a lo largo de su ciclo de vida, desde su creación y almacenamiento hasta su archivo o eliminación. Por otra parte, sólo el 15% de los MIS miden la frecuencia con la que se accede a sus datos. Para identificar a los usuarios y la frecuencia de uso y optimizar la utilización de los datos por parte de las agencias, es importante contar con enfoques más sólidos y estandarizados para el seguimiento del acceso a los datos administrativos.

Además de ser exhaustivos y accesibles, los datos también deben ser de alta calidad, por lo que los MIS necesitan mecanismos que garanticen la calidad de los datos que contienen. Según la mayoría (65%) de los expertos en MIS encuestados, en los sistemas con los que trabajan se aplican controles de calidad de los datos para garantizar la exactitud, coherencia, integridad, fiabilidad y calidad general de los datos administrativos. Estos controles parecen estar especialmente extendidos en los Sistemas de informacion de gestion de impuestos (82%) y de educacion (85%), pero son menos

> Los “inventarios existen, pero no enmarcan ni contienen todos los datos”.
>
> – Experto en HealthMIS
>
> “No existe un registro organizado de los datos disponibles”.
>
> – Experto en PFMIS
>
> “Hay métricas de uso de la plataforma en general, pero no específicamente en lo que respecta al acceso a los datos”.
>
> – Experto en TaxMIS

frecuentes en los sistemas de informacion de gestion de salud (43%) (gráfico 4.14). Sin embargo, estos expertos en MIS también señalaron que los procesos de limpieza de datos suelen ser poco frecuentes y deben realizarse manualmente, fuera de los sistemas. De hecho, según el Índice de Madurez del GovTech del Banco Mundial, solo el 25 % de los países de la región han implementado un marco de calidad de los datos, que es inferior a la tasa de aplicación de otras regiones (Banco Mundial, 2022).[3]

Esta falta de controles sistemáticos de calidad de los datos puede plantear problemas a las agencias que buscan aprovechar los datos administrativos para la analítica. Cuando los controles de calidad de los datos no están integrados en un MIS, cada equipo que accede a los datos debe realizar sus propios controles de calidad, lo que duplica los esfuerzos de otros equipos.

El resultado es un proceso de control de calidad muy ineficaz. Además, si persisten los problemas de calidad, como la introducción de datos erróneos o campos de datos incompletos, pueden socavar significativamente la precisión, fiabilidad y posibilidad de repetir la analítica.

GRÁFICO 4.14 Controles de calidad de los datos existentes, por tipo de MIS

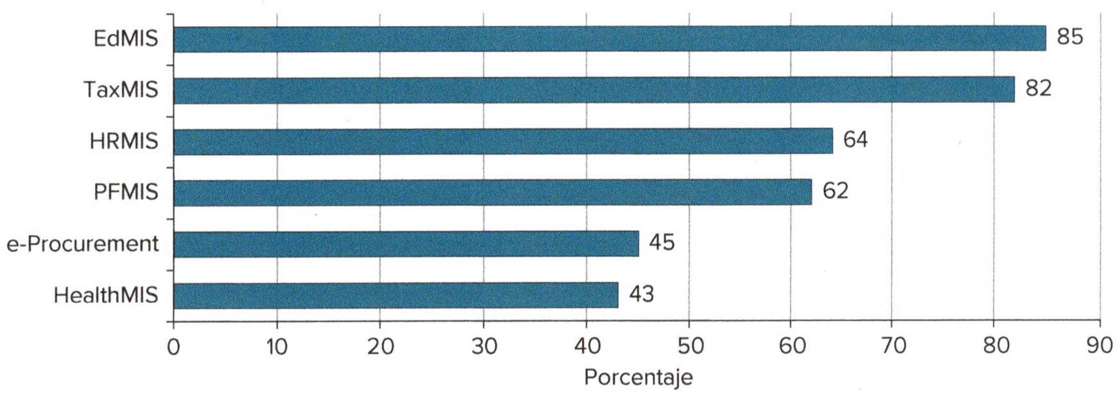

Fuente: Government Analytics Survey in Latin America and the Caribbean.
Nota: El gráfico muestra, por tipo de SIG, la proporción de sistemas de la región que disponen de controles de calidad de los datos. N = 85 MIS de países, distribuidos del siguiente modo: Cuestionario EdMIS (n = 13 países); Cuestionario e-Procurement (n = 11 países); Cuestionario HealthMIS (n = 14 países); Cuestionario HRMIS (n = 14 países); Cuestionario PFMIS (n = 16 países); Cuestionario TaxMIS (n = 17 países). EdMIS = sistema de información para la gestión de la educación; e-Procurement = sistema de información para la gestión de las adquisiciones; HealthMIS = sistema de información para la gestión de la salud; HRMIS = sistema de información para la gestión de los recursos humanos; MIS = sistema de información para la gestión; PFMIS = sistema de información para la gestión de las finanzas públicas; TaxMIS = sistema de información para la gestión de los impuestos.

> **"Hay algunos controles de calidad y procesos de auditoría en marcha; Sin embargo, se necesitan controles adicionales en el futuro para garantizar la calidad óptima de los datos".**
>
> **– Experto en HealthMIS**

> **"Si bien no hay procesos de depuración de datos, se trabaja para mejorar los datos y su calidad a través de la validación de las solicitudes de ingreso y corrección".**
>
> **– Experto en TaxMIS**
>
> **"Existen controles de calidad en el sistema transaccional que proporcionan datos para o e-Procurement, pero no son suficientes para una calidad de datos adecuada".**
>
> **– Experto en e-Adquisiciones**
>
> **"Los datos se revisan regularmente, pero es laborioso por la falta de herramientas adecuadas; aun así, se puede hacer más".**
>
> **– Experto en HRMIS**

Todas las limitaciones de la infraestructura de datos mencionadas aquí -digitalización completa; fragmentación de datos; y falta de protocolos formales de acceso, inventarios exhaustivos de datos y controles sistemáticos de la calidad de los datos- debilitan la interoperabilidad de los sistemas de información de gestión. Si los gobiernos establecieran la infraestructura básica para la interoperabilidad, podrían aumentar enormemente su potencial general de uso de datos para la analítica y la formulación de políticas. Según el Índice de Madurez GovTech del Banco Mundial, menos del 35% de los países de América Latina y el Caribe han implementado un marco de interoperabilidad gubernamental que permita un intercambio de información eficiente y Seguro entre los sistemas y agencias gubernamentales (Banco Mundial 2022).[4] Los gobiernos deberían pasar de un enfoque fragmentado y en silos a un enfoque integral de todo el gobierno para garantizar una administración pública receptiva y eficaz. Esto significa que en lugar de exigir a las organizaciones individuales que recopilen, almacenen y analicen datos de forma aislada para perseguir objetivos específicos de la organización, los gobiernos deben fomentar la colaboración entre las organizaciones que abarcan diferentes niveles y sectores. Este enfoque de colaboración puede fomentar la sinergia y ayudar a las agencias a alcanzar objetivos compartidos en diversos ámbitos.

En general, la evaluación regional que se presenta en este capítulo revela el enorme potencial de los gobiernos de América Latina y el Caribe para utilizar los datos administrativos existentes para mejorar el diseño y la aplicación de políticas. Al mejorar sus capacidades analíticas (mediante la creación de carreras de análisis específicas y unidades de análisis específicas) y al fortalecer su infraestructura de datos (a través de la mejora de los controles de calidad de los datos y el fortalecimiento de la interoperabilidad del MIS), los Gobiernos pueden aprovechar el uso actual de la analítica descriptiva para el monitoreo y la rendición de cuentas. La analítica de diagnóstico y predictiva, si se desarrollan de forma estratégica y en respuesta a las necesidades de política, puede ayudar a promover la formulación de políticas basadas en datos empíricos y fortalecer el funcionamiento del Gobierno en la región. En el último capítulo de este informe, se ofrecen recomendaciones de política para mostrar cómo los Gobiernos pueden fortalecer su ecosistema general de analítica gubernamental para alcanzar estos objetivos.

NOTAS

1. Todos los análisis de este capítulo se presentan a nivel general. No se identifican los países en particular debido a los acuerdos de confidencialidad de los datos de la encuesta. Mantener el anonimato de los países e informar a los encuestados sobre este enfoque de antemano probablemente redujo el sesgo de conveniencia social en sus respuestas.
2. La pregunta del Índice de Gobierno Digital 2019 es la siguiente: "¿Su país ha establecido un requisito formal explícito para que las organizaciones del sector público compartan los datos que producen con otras organizaciones del sector público?".
3. Sólo África (excluido el Norte de África) registra una tasa de ejecución inferior a la de América Latina y el Caribe, ya que sólo el 13% de los países ha aplicado un marco de calidad de los datos. En comparación, el 51 % de los países de Europa y Asia central, el 50% de los países de Asia meridional, el 33 % de los países de Oriente Medio y Norte de África, y el 30 % de los países de Asia oriental y el Pacífico han implementado marcos de calidad de datos (Banco Mundial, 2022).
4. La tasa de implementación de los marcos de interoperabilidad de datos en América Latina y el Caribe es considerablemente inferior a la de Asia meridional (75 %) y Europa y Asia central (74 %), pero superior a la de Oriente Medio y Norte de África (33 %), Asia oriental y el Pacífico (27 %) y África (23 %) (Banco Mundial, 2022).

REFERENCIAS

OECD (Organisation for Economic Co-operation and Development). 2014. "Recommendation of the Council on Digital Government Strategies." Adopted July 14, 2014. https://legalinstruments.oecd.org/en/instruments/OECD-LEGAL-0406.

OECD (Organisation for Economic Co-operation and Development). 2019. "Digital Government Index: 2019 Results." OECD Public Governance Policy Paper 3, OECD, Paris. https://doi.org/10.1787/4de9f5bb-en.

Porrúa, Miguel, Mariano Lafuente, Benjamin Roseth, Laura Ripani, Edgardo Mosqueira, Angela Reyes, Javier Fuenzalida, Francisco Suárez, and Rodrigo Salas. 2021. *Digital Transformation and Public Employment: The Future of Government Work.* Washington, DC: Inter-American Development Bank. https://doi.org/10.18235/0003245.

World Bank. 2022. *GovTech Maturity Index, 2022 Update: Trends in Public Sector Digital Transformation.* Equitable Growth, Finance and Institutions Insight—Governance. Washington, DC: World Bank. https://hdl.handle.net/10986/38499.

CAPÍTULO 5

Recomendaciones de Políticas para Fortalecer la Analítica Gubernamental en América Latina y el Caribe

INTRODUCCIÓN

Este informe ofrece una visión general y un análisis de cómo los Gobiernos de América Latina y el Caribe pueden utilizar la analítica de datos para abordar los desafíos de desarrollo. Se ha argumentado que los Gobiernos de la región pueden aprovechar los importantes avances en la cobertura de los sistemas de información para desarrollar la analítica de forma estratégica y aplicarlos al diseño, la implementación y la evaluación de políticas, especialmente mediante el fortalecimiento de las condiciones propicias para estos avances: capacidades analíticas e infraestructura de datos. El marco conceptual del informe (capítulo 2), los estudios de casos (capítulo 3) y la evaluación regional (capítulo 4) ofrecen a los Gobiernos orientación para desarrollar un ecosistema de analítica gubernamental en su contexto e inspiración para las múltiples formas en que se puede aplicar la analítica para impulsar la formulación de políticas basadas en evidencia y mejorar el funcionamiento del Gobierno.

Este capítulo ofrece recomendaciones de políticas específicas para ayudar a los Gobiernos a poner en práctica los demás capítulos de este informe mediante la elaboración y el uso de la analítica de datos para promover sus propios objetivos de políticas. Las recomendaciones de política reflejan la estructura del marco conceptual (gráfico 2.1). En primer lugar, el capítulo analiza cómo avanzar hacia un enfoque más estratégico de la analítica gubernamental para generar evidencia para la toma

---

Un paquete reproducible está disponible para este libro en el Repositorio de Investigación Reproducible en https://reproducibility.worldbank.org/index.php/catalog/209.

de decisiones. Luego, se presentan recomendaciones para desarrollar capacidades analíticas y, por último, se analizan formas de fortalecer la infraestructura de datos.

Estas recomendaciones de políticas pueden ser utilizadas por las agencias gubernamentales que están empezando a aprovechar sus datos administrativos, así como por aquellas que ya están muy avanzadas en su proceso de análisis. Como se muestra en la evaluación regional del capítulo 4, la digitalización de los MIS, los protocolos de acceso a los datos y los controles de calidad pueden variar mucho entre las funciones de gobierno de un mismo país. Por esta razón, en este capítulo se divide la mayoría de las recomendaciones en pasos estratégicos de complejidad creciente. Las organizaciones pueden abordar estos pasos en orden, y pueden utilizarlos para identificar el siguiente paso apropiado en sus propios contextos.

Identificar los próximos pasos es importante porque el desarrollo de un ecosistema de analítica gubernamental sólido es un proceso iterativo. Cuando los Gobiernos llevan al límite la recopilación y la analítica de datos, pueden ejercer presión sobre los funcionarios públicos, lo que da lugar a incentivos perjudiciales que limitan el poder de la analítica para informar la toma de decisiones. Bajo presión, las agencias pueden tener incentivos para centrarse solo en medir lo que es más fácil de cuantificar, lo que resulta en una comprensión parcial o distorsionada de los fenómenos y desvían la atención de la analítica de sus causas fundamentales. Los funcionarios públicos podrían incluso sufrir presiones para falsificar o tergiversar los datos, lo que amenazaría la salud del ecosistema analítico en su conjunto (Bridges y Woolcock, 2023).

Una forma en que los Gobiernos pueden evitar crear estos incentivos que provocan distorsiones es abordando la analítica de forma estratégica y gradual, a la vez que prestan atención al modo en que las iniciativas analíticas dependen de las condiciones habilitantes dentro del ecosistema analítico y las transforman. Al centrarse en reformas graduales y específicas, los Gobiernos no sacrifican el impacto significativo de la analítica, porque incluso una analítica ligeramente mejor puede dar lugar a grandes mejoras en el funcionamiento de la administración. Como han demostrado los estudios de casos de este informe, las agencias gubernamentales que dan pequeños pasos iniciales hacia la analítica, como organizar un maratón de datos o desarrollar analíticas descriptivas sobre las citas médicas, aún pueden tener un gran impacto.

RECOMENDACIONES DE POLÍTICAS

¿Cómo pueden los Gobiernos avanzar hacia un enfoque más estratégico de la analítica para generar evidencias que sirvan de base para la toma de decisiones?

Como se señala en el capítulo 4, los datos administrativos en América Latina y el Caribe se utilizan predominantemente para la analítica descriptiva. Las analíticas de diagnóstico y predictivas siguen estando muy infrautilizados, lo que dificulta la capacidad de los gobiernos para anticipar y responder eficazmente a los retos de política. Además, los productos analíticos se emplean principalmente para la supervisión y la rendición de cuentas, con menos énfasis en la evaluación y el diseño de políticas. La dependencia de los datos administrativos para fines operativos y transaccionales a menudo hace que se pierdan oportunidades de aprovechar la analítica avanzada para una toma de decisiones más estratégica. Estas conclusiones subrayan la necesidad de un enfoque más estratégico de la analítica gubernamental, que se refleja en las siguientes recomendaciones.

Fortalecer la cultura de la formulación de políticas basadas en evidencia y la demanda de analíticas dentro de la administración pública.

1. Examinar si se están utilizando datos y evidencias para definir políticas y estrategias en cada función de gobierno. (Para obtener información detallada sobre las iniciativas analíticas y la toma de decisiones en las áreas de recursos humanos, finanzas públicas y adquisiciones, véanse los capítulos 10 a 12 del *The Government Analytics Handbook* [Tavares, Ortega Nieto y Woodhouse 2023; Piatti-Fünfkirchen, Brumby y Hashim, 2023; Cocciolo, Samaddar y Fazekas, 2023]).
2. Fortalecer el vínculo entre las aplicaciones analíticas y la toma de decisiones definiendo sistemáticamente las prioridades de reforma en cada función del gobierno y la evidencia que se necesitaría para orientar la reforma en esa función. (Por ejemplo: ¿Qué se podría mejorar de las contrataciones publicas? ¿Qué necesitarían saber los Gobiernos para introducir esas mejoras?)
3. Fomentar la demanda de analítica de datos mediante talleres, conferencias y programas que creen conciencia sobre las aplicaciones efectivas de la analítica, establecer redes y asociaciones y fomentar el intercambio de datos entre agencias gubernamentales. (Para obtener más información sobre el intercambio de datos, véase, por ejemplo, Welch, Feeney y Park, 2016).
4. Fortalecer las asociaciones entre organizaciones y articular los intereses de las partes públicas interesadas (remitirse, por ejemplo, a Allard et al. 2018).
5. Una vez establecida la demanda de analítica de datos, hay que diseñar y aplicar una estrategia institucional de gobernanza de datos y una estrategia de gestión de datos. Estos documentos estratégicos son esenciales para que las agencias gubernamentales puedan gestionar eficazmente sus activos de datos; crear protocolos, procesos, roles y políticas internas; mitigar los riesgos; y fortalecer una cultura que respalde la toma de decisiones basada en evidencia. (Para obtener más detalles sobre la gestión de datos, véanse los capítulos 6 y 8 del *Informe sobre el desarrollo mundial 2021: Datos para una vida mejor* [Banco Mundial, 2021].)

Definir el uso estratégico de los datos gubernamentales.

1. Examinar cómo podrían utilizarse los datos de cada MIS para orientar la adopción de decisiones en la función de gobierno correspondiente. (Por ejemplo: ¿Cómo se pueden utilizar los datos del e-Procurement para reforzar las adquisiciones del gobierno?)

2. Elaborar estrategias sobre los usos más amplios de los datos de cada MIS *en todas* las organizaciones, especialmente si están conectados con otros datos del gobierno. (Por ejemplo: ¿Para qué se pueden utilizar los datos del e-Procurement además de para las adquisiciones? ¿Qué organizaciones utilizan actualmente los datos sobre adquisiciones y cómo lo hacen? ¿Qué organizaciones se beneficiarían del uso de los datos sobre adquisiciones y de qué manera?)

Optimizar la analítica descriptiva y desarrollar analíticas de diagnóstico y predictivas.

1. Crear las condiciones para un uso eficaz y eficiente de los datos administrativos para el monitoreo y la rendición de cuentas. Definir un marco de monitoreo, evaluación y rendición de cuentas, establecer un proceso para crear informes periódicos basados en datos administrativos y crear un tablero interactivo para fines de control y presentación de informes.

2. Avanzar hacia el uso de analíticas de diagnóstico y predictivas para orientar la evaluación y el diseño de políticas. Desarrollar productos analíticos más avanzados (para las adquisiciones), como sistemas de alerta, herramientas de análisis de manipulación de licitaciones o sistemas de evaluación de riesgos gubernamentales (estudio de caso 3.11). Pasar de la analítica descriptiva a la analítica de diagnóstico y a la predictiva puede liberar un gran potencial de los datos gubernamentales, pero requiere apoyo político para cambiar la forma en que se toman las decisiones, así como bases sólidas en la infraestructura de datos y las capacidades analíticas. La analítica predictiva también requiere analistas de datos con habilidades técnicas más avanzadas, asociaciones con instituciones externas o ambas.

¿Cómo pueden los Gobiernos desarrollar la capacidad analítica de las personas y las organizaciones?

En el informe se identifica la necesidad crítica de fortalecer las capacidades analíticas tanto de las personas como de las organizaciones del sector público de América Latina y el Caribe. Si bien los Gobiernos de la región reconocen la importancia de las habilidades analíticas, existe una brecha significativa en las carreras estructuradas para los analistas de datos y una falta de evaluaciones sistemáticas de competencia y habilidades de analítica de datos para los funcionarios públicos. Esta deficiencia, sumada al limitado financiamiento para proyectos analíticos, dificulta la formulación y aplicación de estrategias analíticas integrales. Las conclusiones sugieren que el establecimiento de unidades analíticas específicas y el fomento de la colaboración con organizaciones académicas e internacionales pueden desempeñar un papel fundamental para abordar estos desafíos de fortalecimiento de la capacidad. Estas estrategias son esenciales para mejorar el uso estratégico de la analítica de datos en la toma de decisiones del Gobierno.

Evaluar las capacidades analíticas existentes.

1. Evaluar periódicamente la capacidad analítica del sector público, especialmente en las unidades analíticas específicas (si las hay). Utilizar estas evaluaciones para

identificar las necesidades de fortalecimiento de la capacidad y dar forma a la planificación estratégica de la fuerza laboral.

2. Alinear las capacidades analíticas de la fuerza laboral del sector público con las habilidades y conocimientos especializados necesarios para la producción y el uso estratégico de la analítica gubernamental.

Desarrollar las capacidades analíticas estratégicamente.

1. Ofrecer programas de capacitación en analítica de datos y desarrollar iniciativas que fortalezcan la capacidad de los funcionarios públicos para utilizar los datos y la evidencia en la toma de decisiones clave.
2. Elaborar un marco coherente para vincular el desarrollo de las aptitudes con las aplicaciones prácticas, integrando la capacitación y el fortalecimiento de la capacidad en una estrategia global para orientar a la administración pública hacia la formulación de políticas basadas en datos empíricos. Enfocar estratégicamente los programas de capacitación en analítica de datos puede ayudar a garantizar que tengan una estructura cohesionada y ofrecer vías claras para que los participantes apliquen las habilidades recién adquiridas dentro de los programas de trabajo existentes.
3. En el caso de los responsables de la toma de decisiones, desarrollar la capacidad para determinar las lagunas de conocimientos y la necesidad de evidencia, y aplicar los conocimientos analíticos.
4. En el caso de los analistas de datos, complementar los programas de capacitación con formación técnica específica del sector, cuando sea necesario. Es esencial que los equipos de analítica comprendan el contexto y las consecuencias de la analítica en áreas de política específicas.
5. En el caso de los expertos en la materia, desarrollar la capacidad para identificar las lagunas de conocimientos, diseñar iniciativas analíticas, interpretar los resultados analíticos y poner los resultados en su contexto.

Establecer una carrera profesional para los analistas.

1. Establecer una trayectoria de carrera específica para los analistas de datos en el sector público a fin de generar oportunidades estructuradas de desarrollo profesional en analítica, que son esenciales para atraer y retener analistas de datos calificados.
2. Establecer relaciones con instituciones académicas para crear oportunidades de atraer y fomentar talento especializado a través de pasantías, becas y licencias educativas remuneradas para funcionarios públicos. (Para obtener más información, véase el capítulo 6 de Porrúa y otros, 2021).

Establecer unidades analíticas especializadas

1. Establecer una dependencia dentro de la estructura orgánica de la administración pública cuyo mandato sea utilizar los datos del gobierno para el monitoreo, la

evaluación, la presentación de informes, el diseño de políticas y la investigación. Analizar si una unidad centralizada, que proporcione analítica para toda la administración, o unidades descentralizadas, que se centran en funciones gubernamentales específicas dentro de una sola organización, son mejores en un contexto determinado.

2. Aprovechar las unidades analíticas para atraer analistas de datos; establecer una línea de estudios analíticos coherente y a largo plazo; y asegurar financiamiento periódico a través de la contratación de personal especializado.

Asegurar un presupuesto para apoyar las capacidades y los productos analíticos.

Es esencial contar con un presupuesto específico para respaldar los productos analíticos (como cuadros de mando, informes e investigación) y el desarrollo de capacidades.

1. Ofrecer oportunidades de financiamiento interno para iniciativas analíticas.
2. Aprovechar las unidades analíticas y las colaboraciones externas a fin de asegurar los recursos para la analítica de datos y mitigar las restricciones presupuestarias.
3. Compartir el financiamiento para los equipos analíticos con otras instituciones públicas mediante mecanismos formales o informales a fin de reducir costos y promover la interoperabilidad de los datos y el intercambio de conocimientos.
4. Desarrollar un plan estratégico y una visión a largo plazo para hacer de la analítica de datos una prioridad dentro del presupuesto público.

Desarrollar colaboraciones externas para apoyar todas las recomendaciones de este capítulo.

1. Desarrollar estrategias para colaborar en el análisis y la investigación con académicos, organizaciones sin fines de lucro, fundaciones u organizaciones multilaterales. Los socios externos pueden ayudar a mitigar las restricciones presupuestarias. También pueden paliar la falta de habilidades analíticas y experiencia en la administración pública ayudando a diseñar e implementar productos analíticos. Las colaboraciones requieren un marco claro para el intercambio de datos y la producción conjunta de productos analíticos.
2. Considerar la posibilidad de establecer asociaciones con el sector educativo para fortalecer las capacidades. A nivel mundial, las universidades están poniendo en marcha iniciativas para abordar la falta de habilidades analíticas en el mercado laboral. Los Gobiernos, como grandes empleadores, pueden desempeñar un papel crucial en estos esfuerzos. Por ejemplo, Uruguay ha forjado una productiva alianza con la Universidad de la República, que ha dado lugar a la creación de un curso continúo titulado "Gestión de la calidad de los datos para el gobierno digital". Este curso está específicamente diseñado para ayudar a los funcionarios públicos que trabajan en la transformación digital del sector público a desarrollar habilidades analíticas especializadas.

¿Cómo pueden los Gobiernos fortalecer la infraestructura de datos?

En el informe se destacan los importantes desafíos que enfrenta la infraestructura de datos de América Latina y el Caribe, a pesar de los avances en materia de digitalización. Muchos sistemas de información de gestión no son lo suficientemente completos o se actualizan de manera irregular, lo que da lugar a variaciones significativas en la calidad de los datos. Existe una notable falta de medidas sistemáticas de control de calidad de los datos, y su limpieza suele realizarse de manera manual y esporádica. Esta situación dificulta la precisión, la confiabilidad, la rapidez y la posibilidad de replicar la analítica de datos. Además, la escasa interoperabilidad entre los MIS y la naturaleza ad hoc del intercambio de datos entre las agencias gubernamentales impiden que se aproveche todo el potencial de los MIS digitalizados en los proyectos analíticos. Estos problemas resaltan la necesidad crítica de mejorar la gestión de datos y contar con una infraestructura sólida para respaldar la eficacia de la analítica gubernamental en la región.

Evaluar la calidad, integridad y vigencia de los datos gubernamentales y definir los pasos para mejorarlos.

Evaluar, revisar y actualizar periódicamente los MIS es esencial para impulsar el valor de sus datos.

1. Garantizar que los MIS estén totalmente digitalizados. Esto requiere dejar de registrar manualmente la información en documentos de Word, PDF u hojas de cálculo de Excel. Debido a la limitación de recursos, puede ser necesario dar prioridad a ciertos elementos de los datos sobre otros.
2. Determinar si los datos administrativos están correctos, completos y vigentes, y si están disponibles para la analítica, e identificar cualquier obstáculo con respecto a la calidad de los datos.
3. Cuando un MIS forme parte de un ecosistema de datos con un objetivo de política común (por ejemplo, el ecosistema de información de gestión de las finanzas públicas que, en la práctica, incluye varias instituciones y MIS), examine la calidad, la integridad y la vigencia de los datos en relación con el ecosistema global de datos. Evalúe la calidad de todos los MIS del ecosistema para evitar los silos de información y fortalecer los MIS menos eficaces.

Establecer controles regulares, sistemáticos y automatizados de la calidad de los datos.

Los problemas de calidad de los datos, como la introducción de datos erróneos o campos de datos incompletos, pueden socavar significativamente la precisión, fiabilidad y la posibilidad de replicar la analítica.

1. Integrar los controles de calidad de los datos (como limpieza, cobertura y compatibilidad) en los MIS para que el control de calidad sea más eficiente y confiable.
2. Establecer equipos específicos responsables de supervisar los controles de calidad de los datos.

Establecer un inventario de datos.

Un inventario de datos ayuda a los usuarios a determinar qué tipos de datos están disponibles en un SIG, dónde están almacenados y la definición exacta de los campos de datos. Esto facilita en gran medida el desarrollo y la implementación de nuevos proyectos analíticos. Un inventario de datos también es necesario para la correcta gestión de los datos a lo largo de su ciclo de vida, desde su creación y el almacenamiento hasta su archivo o eliminación.

Conectar los datos del gobierno.

1. Establecer protocolos para el intercambio de datos entre agencias gubernamentales. Establecer protocolos explícitos y formales para compartir datos administrativos es un paso clave para conectar e integrar los datos gubernamentales y elaborar productos analíticos más avanzados. (Para obtener información sobre instituciones, leyes y regulaciones para mejorar la accesibilidad de los datos, consulte Banco Mundial 2022).

2. Integrar los MIS para aprovechar todo el potencial de los sistemas totalmente digitalizados para la analítica. (Para obtener detalles sobre la integración de datos y la interoperabilidad de los sistemas, véase Banco Mundial (2023).

Planificar el mantenimiento y las actualizaciones del sistema de información de gestión.

Establecer protocolos de mantenimiento y actualización de los MIS para garantizar que éstos aprovechen constantemente los últimos avances tecnológicos.

CONCLUSIÓN

Las recomendaciones de políticas con las que concluye este informe presentan pasos estratégicos que los Gobiernos de América Latina y el Caribe pueden tomar para promover el desarrollo de un ecosistema de analítica gubernamental. Al fortalecer sus capacidades analíticas y su infraestructura de datos de manera integral, los Gobiernos pueden aprovechar todo el potencial de sus datos administrativos y, al mismo tiempo, responder a las necesidades de evidencia de los responsables de la toma de decisiones en diferentes áreas de políticas. La analítica gubernamental que apoya los conocimientos y la experiencia de los responsables políticos y los gestores pueden ser una herramienta clave para crear en la administración pública una cultura de elaboración de políticas basada en pruebas, con repercusiones positivas en la sostenibilidad fiscal, la prestación de servicios públicos y la confianza de los ciudadanos en las instituciones públicas.

En las últimas décadas, los Gobiernos de América Latina y el Caribe han sentado bases sólidas para la analítica de datos y han experimentado con diferentes aplicaciones analíticas. Basándose en el marco conceptual, los estudios de casos, la evaluación regional y las recomendaciones de políticas de este informe, los Gobiernos pueden avanzar aún más en el uso de los datos administrativos para la analítica. Las iniciativas analíticas gubernamentales pueden proporcionar a los responsables de la formulación de políticas las evidencias necesarias para tomar decisiones informadas, abordar los desafíos de gobernanza y desarrollo, y construir una administración pública más eficiente y eficaz.

REFERENCIAS

Allard, Scott W., Emily R. Wiegand, Colleen Schlecht, A. Rupa Datta, Robert M. Goerge, and Elizabeth Weigensberg. 2018. "State Agencies' Use of Administrative Data for Improved Practice: Needs, Challenges, and Opportunities." *Public Administration Review* 78 (2): 240–50. https://doi.org/10.1111/puar.12883.

Bridges, Kate, and Michael Woolcock. 2023. "Measuring What Matters: Principles for a Balanced Data Suite That Prioritizes Problem Solving and Learning." In *The Government Analytics Handbook: Leveraging Data to Strengthen Public Administration*, edited by Daniel Rogger and Christian Schuster, chap. 4. Washington, DC: World Bank. https://doi.org/10.1596/978-1-4648-1957-5.

Cocciolo, Serena, Suxhmita Samaddar, and Mihaly Fazekas. 2023. "Government Analytics Using Procurement Data." In *The Government Analytics Handbook: Leveraging Data to Strengthen Public Administration*, edited by Daniel Rogger and Christian Schuster, chap. 12. Washington, DC: World Bank. https://doi.org/10.1596/978-1-4648-1957-5.

Piatti-Fünfkirchen, James Brumby, and Ali Hashim. 2023. "Government Analytics Using Expenditure Data." In *The Government Analytics Handbook: Leveraging Data to Strengthen Public Administration*, edited by Daniel Rogger and Christian Schuster, chap. 10. Washington, DC: World Bank. https://doi.org/10.1596/978-1-4648-1957-5.

Porrúa, Miguel, Mariano Lafuente, Benjamin Roseth, Laura Ripani, Edgardo Mosqueira, Angela Reyes, Javier Fuenzalida, Francisco Suárez, and Rodrigo Salas. 2021. *Digital Transformation and Public Employment: The Future of Government Work*. Washington, DC: Inter-American Development Bank. https://doi.org/10.18235/0003245.

Tavares, Rafael Alves de Albuquerque, Daniel Ortega Nieto, and Eleanor Florence Woodhouse. 2023. "Government Analytics Using Human Resources and Payroll Data." In *The Government Analytics Handbook: Leveraging Data to Strengthen Public Administration*, edited by Daniel Rogger and Christian Schuster, chap. 10. Washington, DC: World Bank. https://doi.org/10.1596/978-1-4648-1957-5_ch10.

Welch, Eric W., Mary K. Feeney, and Chul Hyun Park. 2016. "Determinants of Data Sharing in U.S. City Governments." *Government Information Quarterly* 33 (3): 393–403. https://doi.org/10.1016/j.giq.2016.07.002.

World Bank. 2021. *World Development Report 2021: Data for Better Lives*. Washington, DC: World Bank. https://www.worldbank.org/en/publication/wdr2021.

World Bank. 2022. *GovTech Maturity Index, 2022 Update: Trends in Public Sector Digital Transformation*. Equitable Growth, Finance and Institutions Insight—Governance. Washington, DC: World Bank. https://hdl.handle.net/10986/38499.

World Bank. 2023. *Interoperability: Towards a Data-Driven Public Sector*. Equitable Growth, Finance and Institutions Insight—Governance. Washington, DC: World Bank. https://doi.org/10.1596/38520.

APÉNDICE A

Metodología de la Encuesta

Los cuestionarios utilizados en la encuesta analítica gubernamental realizada para este informe se diseñaron siguiendo el marco conceptual esbozado en el capítulo 2 y se benefició de los aportes de diferentes equipos de la Práctica Global de Gobernanza del Banco Mundial, así como de los comentarios de expertos gubernamentales y de organismos internacionales. Cada cuestionario para un tipo particular de sistema de información de gestión (MIS) consta de 20 preguntas y está estructurado de manera uniforme, con preguntas idénticas, pero opciones de respuesta adaptadas a ese tipo de sistema, incluyendo formatos de opción múltiple (sí/no) y de opción múltiple. También se pidió a los encuestados que ampliaran sus respuestas, proporcionaran explicaciones detalladas, compartieran documentación pertinente y ofrecieran comentarios adicionales para respaldar sus respuestas. El cuestionario sobre las capacidades constó de cuatro preguntas.

El equipo a cargo de la encuesta administró los cuestionarios en línea a través de la plataforma SurveyCTO, asegurándose de que solo se registrara una respuesta por sistema de información de gestión por país. La estrategia de difusión del equipo comprendió varias etapas. Inicialmente, el equipo se puso en contacto con las autoridades de gobierno digital de cada país para identificar a los coordinadores de la recolección de datos. Se invitó a estas autoridades digitales a través de un correo electrónico en el que se presentaba la encuesta y se solicitaba el nombramiento de un punto focal para continuar con las comunicaciones. Luego, el equipo invitó a estos puntos focales a una sesión informativa sobre la encuesta. Estos puntos focales se encargaron entonces de coordinar con los expertos pertinentes en el sistema de información de gestión dentro de sus gobiernos para recopilar las respuestas a los cuestionarios. Para agilizar el proceso, el equipo llevó a cabo una revisión exhaustiva de los expertos en MIS de los 32 países de la región y compartió la información con los puntos focales para ayudarles a coordinar los esfuerzos de recolección de datos.

La recolección de datos se llevó a cabo desde noviembre de 2023 hasta marzo de 2024. A lo largo de este período, el equipo organizó múltiples sesiones informativas con representantes de 21 países de la región. Estas sesiones tuvieron por objeto aclarar los objetivos de la encuesta, ofrecer orientación detallada sobre cómo utilizarla y completarla, y responder a las preguntas o inquietudes planteadas por los funcionarios gubernamentales. En total, participaron en la encuesta 20 países. El equipo recibió 85 respuestas a los cuestionarios del MIS, y 16 países respondieron el cuestionario sobre capacidades. Las 85 respuestas se distribuyeron de la siguiente manera: 13 países respondieron el cuestionario del sistema de información de gestión de educación (EdMIS), 11 países el cuestionario sobre contrataciones públicas (e-Procurement), 14 países el cuestionario sobre el sistema de información de gestión de salud (HealthMIS), 14 países el cuestionario sobre el sistema de información de gestión de recursos humanos (HRMIS), 16 países el cuestionario sobre el sistema de información de gestión de finanzas públicas (PFMIS) y 17 países al cuestionario del sistema de información de gestión de impuestos (TaxMIS). En el cuadro A.1 se presenta un desglose detallado de los encuestados por país y organización, y en el cuadro A.2 se enumeran los países participantes por cuestionario.

El equipo revisó meticulosamente todas las respuestas para garantizar la coherencia, integralidad y comparabilidad de los datos, al tiempo que identificó las áreas que necesitaban más evidencia o documentación. Durante este proceso, el equipo se puso en contacto con cada país para obtener información adicional, aclaraciones y ejemplos para contextualizar mejor sus respuestas.

CUADRO A.1 Países y organizaciones que participaron en la encuesta

País	Organizaciones participantes, por cuestionario
Bahamas, Las	**Capacidades:** Departamento de Tecnología de la Información y la Comunicación
Barbados	**Capacidades:** Ministerio de Industria, Innovación, Ciencia y Tecnología **HRMIS:** Ministerio de Servicios Públicos **TaxMIS:** Autoridad Fiscal de Barbados
Belice	**Capacidades:** Ministerio de Servicios Públicos, Energía, Logística y Gobierno Electrónico **EdMIS:** Ministerio de Educación, Cultura, Ciencia y Tecnología **HealthMIS:** Ministerio de Salud y Bienestar **HRMIS:** Ministerio de la Administración Pública, Reforma Constitucional y Política y Asuntos Religiosos **PFMIS:** Ministerio de Finanzas **TaxMIS:** Servicio de Impuestos de Belice, Ministerio de Finanzas
Bolivia	**Capacidades:** Agencia de Gobierno Electrónico y Tecnologías de Información y Comunicación **EdMIS:** Ministerio de Educación **e-Procurement:** Ministerio de Economía y Finanzas Públicas **HealthMIS:** Ministerio de Salud y Deportes **HRMIS:** Ministerio de Economía y Finanzas Públicas **PFMIS:** Ministerio de Economía y Finanzas Públicas **TaxMIS:** Servicio de Impuestos Nacionales
Brasil	**Capacidades:** Ministerio de Gestión e Innovación de los Servicios Públicos **PFMIS:** Secretaría del Tesoro Nacional **TaxMIS:** Secretaría Especial del Servicio de Ingresos Federales

(continuación)

CUADRO A.1 Países y organizaciones que participaron en la encuesta *(continuación)*

País	Organizaciones participantes, por cuestionario
Chile	**Capacidades:** Secretaría de Gobierno Digital **EdMIS:** Ministerio de Educación **e-Procurement:** ChileCompra **HealthMIS:** Ministerio de Salud **HRMIS:** Servicio Civil **PFMIS:** Ministerio de Hacienda **TaxMIS:** Servicio de Impuestos Internos
Colombia	**PFMIS:** Ministerio de Hacienda **TaxMIS:** Dirección de Impuestos y Aduanas Nacionales
Costa Rica	**Capacidades:** Ministerio de Ciencia, Innovación, Tecnología y Telecomunicaciones **EdMIS:** Ministerio de Educación Pública **e-Procurement:** Ministerio de Hacienda **HealthMIS:** Ministerio de Salud **HRMIS:** Dirección General de Servicio Civil **PFMIS:** Ministerio de Hacienda **TaxMIS:** Ministerio de Hacienda
Dominica	**Capacidades:** Proyecto de Transformación Digital del Caribe **EdMIS:** Ministerio de Educación, Planificación de Recursos Humanos, Formación Profesional y Excelencia Nacional **e-Procurement:** Gobierno del Commonwealth de Dominica **HealthMIS:** Autoridad de Hospitales de Dominica **HRMIS:** Departamento de Creación, Personal y Capacitación **PFMIS:** Gobierno del Commonwealth de Dominica **TaxMIS:** Gobierno del Commonwealth de Dominica
República Dominicana	**HRMIS:** Ministerio de Administración Publica **PFMIS:** Ministerio de Hacienda
Ecuador	**Capacidades:** Ministerio de Telecomunicaciones y de la Sociedad de la Información **EdMIS:** Ministerio de Educación **e-Procurement:** Servicio Nacional de Contratación Pública **HeatlhMIS:** Ministerio de Salud Pública **HRMIS:** Ministerio del Trabajo **PFMIS:** Ministerio de Economía y Finanzas **TaxMIS:** Servicio de Rentas Internas
Guatemala	**Capacidades:** Comisión Presidencial de Gobierno Abierto y Electrónico **EdMIS:** Ministerio de Educación **e-Procurement:** Ministerio de Finanzas Publicas **HealthMIS:** Ministerio de Salud Pública y Asistencia Social **HRMIS:** Oficina Nacional de Servicio Civil **PFMIS:** Ministerio de Finanzas Publicas **TaxMIS:** Superintendencia de Administración Tributaria
Honduras	**Capacidades:** Oficina de la Presidencia de la República **EdMIS:** Secretaría de Educación **e-Procurement:** Oficina Normativa de Contratación y Adquisiciones del Estado **HealthMIS:** Secretaría de Salud **HRMIS:** Administración Nacional de Servicio Civil **PFMIS:** Secretaría de Finanzas **TaxMIS:** Administración de Aduanas

(continuación)

CUADRO A.1 Países y organizaciones que participaron en la encuesta *(continuación)*

País	Organizaciones participantes, por cuestionario
Jamaica	**Capacidades:** eGov Jamaica Limited **e-Procurement:** Comisión de Contratación Pública **HealthMIS:** Ministerio de Salud y Bienestar **TaxMIS:** Administración tributaria
Panamá	**Capacidades:** Autoridad Nacional para la Innovación Gubernamental **EdMIS:** Ministerio de Educación **e-Procurement:** Dirección General de Contrataciones Públicas **HealthMIS:** Ministerio de Salud **HRMIS:** Ministerio de la Presidencia **PFMIS:** Ministerio de Economía y Finanzas **TaxMIS:** Ministerio de Economía y Finanzas
Paraguay	**Capacidades:** Ministerio de Tecnologías de Información y Comunicación **EdMIS:** Ministerio de Educación y Ciencias **e-Procurement:** Dirección Nacional de Contrataciones Publicas **HealthMIS:** Ministerio de Salud Pública y Bienestar Social **HRMIS:** Viceministerio de Capital Humano y Gestión Organizacional **PFMIS:** Ministerio de Economía y Finanzas **TaxMIS:** Dirección Nacional de Ingresos Tributarios
Perú	**Capacidades:** Secretaría de Gobierno y Transformación Digital **EdMIS:** Ministerio de Educación **PFMIS:** Ministerio de Economía y Finanzas **TaxMIS:** Superintendencia Nacional de Aduanas y de Administración Tributaria
San Vicente y las Granadinas	**HealthMIS:** Ministerio de Salud, Bienestar y Medio Ambiente
Trinidad y Tobago	**Capacidades:** Ministerio de Transformación Digital **EdMIS:** Ministerio de Educación **HealthMIS:** Ministerio de Salud **HRMIS:** Departamento de Comisiones de Servicio **PFMIS:** Ministerio de Hacienda **TaxMIS:** División de Hacienda
Uruguay	**Capacidades:** Agencia de Gobierno Electrónico y Sociedad de la Información y del Conocimiento **EdMIS:** Administración Nacional de Educación Pública **e-Procurement:** Agencia Reguladora de Compras Estatales **HealthMIS:** Ministerio de Salud Pública **HRMIS:** Oficina Nacional del Servicio Civil **PFMIS:** Ministerio de Economía y Finanzas **TaxMIS:** Dirección General Impositiva

Fuente: Cuadro original de esta publicación.
Nota: En el cuadro se enumeran las principales organizaciones que participaron en la cumplimentación de cada cuestionario, pero también contribuyeron otras organizaciones. EdMIS = sistema de información para la gestión de la educación; e-Procurement = sistema de información para la gestión de la contratación pública; HealthMIS = sistema de información para la gestión de la salud; HRMIS = sistema de información para la gestión de los recursos humanos; PFMIS = sistema de información para la gestión de las finanzas públicas; TaxMIS = sistema de información para la gestión de los impuestos.

CUADRO A.2 Países que participaron en la encuesta, por cuestionario

Cuestionario	Países participantes
Capacidades	Bahamas, Belice, Bolivia, Brasil, Chile, Costa Rica, Dominica, Ecuador, Guatemala, Honduras, Jamaica, Panamá, Paraguay, Perú, Trinidad y Tobago, Uruguay
EdMIS	Belice, Bolivia, Chile, Costa Rica, Dominica, Ecuador, Guatemala, Honduras, Panamá, Paraguay, Perú, Trinidad y Tobago, Uruguay
e-Procurement	Bolivia, Chile, Costa Rica, Dominica, Ecuador, Guatemala, Honduras, Jamaica, Panamá, Paraguay, Uruguay
HealthMIS	Belice, Bolivia, Chile, Costa Rica, Dominica, Ecuador, Guatemala, Honduras, Jamaica, Panamá, Paraguay, San Vicente y las Granadinas, Trinidad y Tobago, Uruguay
HRMIS	Barbados, Belice, Bolivia, Chile, Costa Rica, Dominica, Ecuador, Guatemala, Honduras, Panamá, Paraguay, República Dominicana, Trinidad y Tobago, Uruguay
PFMIS	Belice, Bolivia, Brasil, Chile, Colombia, Costa Rica, Dominica, Ecuador, Guatemala, Honduras, Panamá, Paraguay, Perú, República Dominicana, Trinidad y Tobago, Uruguay
TaxMIS	Barbados, Belice, Bolivia, Brasil, Chile, Colombia, Costa Rica, Dominica, Ecuador, Guatemala, Honduras, Jamaica, Panamá, Paraguay, Perú, Trinidad y Tobago, Uruguay

Fuente: Cuadro original de esta publicación.
Nota: En el cuadro se enumeran los países que respondieron cada cuestionario. EdMIS = sistema de información para la gestión de la educación; e-Procurement = sistema de información para la gestión de la contratación pública; HealthMIS = sistema de información para la gestión de la salud; HRMIS = sistema de información para la gestión de los recursos humanos; PFMIS = sistema de información para la gestión de las finanzas públicas; TaxMIS = sistema de información para la gestión de los impuestos.

APÉNDICE B

Tipos de Sistemas de Información para Gestión y Sus Funciones

Sistema de información de gestión de recursos humanos

Un sistema de información de gestión de recursos humanos (HRMIS) es una plataforma diseñada para simplificar y automatizar la gestión de los recursos humanos dentro de las agencias gubernamentales. Por lo general, abarca varias funciones de recursos humanos, como la administración de personal, la planificación de la fuerza laboral, la gestión de compensaciones, el desarrollo profesional y la capacitación, el seguimiento de la asistencia, la contratación y el despliegue, la movilidad y la gestión del desempeño (Cortázar Velarde, Lafuente y Sanginés 2014; Nunberg, 2021). Los principales objetivos de un sistema de información de gestión de recursos humanos son garantizar el cumplimiento de las normas vigentes sobre nómina, mejorar la productividad de los funcionarios públicos y garantizar la eficiencia en las funciones de recursos humanos, como la contratación, la rotación y los despidos (Farooq y Kim, 2023).

Sistema de Información de Gestión de las Finanzas Públicas

Un sistema de información de gestión de las finanzas públicas (PFMIS) es una plataforma diseñada para agilizar y automatizar las operaciones financieras dentro de las unidades presupuestarias y de tesorería. Por lo general, abarca varias funciones de ejecución presupuestaria, como cuentas por pagar y por cobrar, gestión de compromisos y tesorería, presentación de informes financieros, formulación del presupuesto, auditoría, gestión de la deuda y gestión de la inversión pública. El principal objetivo de un sistema de información de gestión de finanzas públicas es proporcionar información financiera pertinente, oportuna y confiable para planificar, ejecutar y monitorear las finanzas públicas (Pimenta y Pessoa, 2016). Además, este tipo de MIS contribuye a la asignación eficaz y eficiente de los recursos públicos, fomenta la transparencia fiscal y vincula los procesos de gestión de las finanzas públicas con las funciones gubernamentales (Dorotinsky y Watkins, 2013; Pimenta y Pessoa, 2016).

Sistema de información de gestión de las contrataciones publicas

Un sistema de adquisiciones (e-Procurement) es una plataforma diseñada para agilizar el proceso de las contrataciones públicas de las organizaciones gubernamentales, mejorando la eficiencia, la competencia y la transparencia de las actividades de adquisición (OCDE, s.f.). Por lo general, abarca varias dimensiones del ciclo de contrataciones, como la planificación del presupuesto y la preparación de las ofertas; licitación, proceso de licitación y evaluación de ofertas; adjudicación y firma del contrato; ejecución y seguimiento de contratos; y logística (Cocciolo, Samaddar y Fazekas, 2023; UNOPS, 2021). El principal objetivo de un sistema de contrataciones publicas es aumentar la transparencia, la eficiencia y la competencia proporcionando a las partes interesadas información clave sobre las contrataciones en forma oportuna, precisa y accesible para optimizar la asignación de recursos, mitigar los riesgos y garantizar el cumplimiento de las regulaciones de adquisiciones (Banco Mundial, 2011).

Sistema de Información de Gestión de Impuestos

Un sistema de información de gestión de impuestos (TaxMIS) es una plataforma diseñada para agilizar y automatizar la gestión, la contabilidad y la presentación de informes de las tareas y transacciones relacionadas con los impuestos. Por lo general, abarca varias funciones tributarias, como el registro de contribuyentes, el procesamiento de declaraciones, el manejo y la determinación del pago de impuestos, la gestión de apelaciones y objeciones, la recaudación y devolución de impuestos, las cancelaciones de registro, la emisión de certificados de liquidación de impuestos y la presentación de informes interinstitucionales (Yoon, Chaithanya y Kong, 2014). Los principales objetivos de un sistema de información de gestión de impuestos son proporcionar datos fiscales precisos y fiables para reforzar los procesos empresariales básicos de la administración tributaria, así como controlar el cumplimiento y mejorar los mecanismos de aplicación de la recaudación de impuestos (Junquera-Varela y Lucas-Mas, 2024).

Sistema de información de gestión de educación

Un sistema de información de gestión de educación (EdMIS) es una plataforma que permite al sector público recopilar, supervisar, gestionar, analizar y difundir información sobre insumos, procesos y resultados educativos (Abdul-Hamid, 2017). Por lo general, abarca diversos procesos educativos de planificación, seguimiento y evaluación, incluida la matrícula de estudiantes, el seguimiento de la asistencia, el análisis del rendimiento académico, la gestión del plan de estudios, la distribución de docentes, la gestión de las instalaciones y los materiales, la gestión de los recursos financieros y el mantenimiento de la infraestructura escolar (Abdul-Hamid, 2017). El principal objetivo de un sistema de información de gestión de educación es proporcionar información sistemática, pertinente, oportuna y precisa que permita a los Gobiernos examinar y fortalecer el desempeño de sus sistemas educativos (Porta y Arcia 2011).

Sistema de Información de Gestión de Salud

El Sistema de Información de Gestión de Salud (HealthMIS) es una plataforma diseñada para simplificar y automatizar la administración y la prestación de servicios de atención de salud dentro de los sistemas de salud pública. Por lo general, abarca varias dimensiones del sistema de atención de la salud, incluidos los registros de pacientes individuales, la vigilancia de enfermedades, los servicios prestados, los resultados de salud, los patrones de utilización de la atención médica, la gestión de los centros de salud, los registros a nivel comunitario, el inventario farmacéutico y la gestión del personal de salud (Lippeveld y otros, 2019). Los principales objetivos de un sistema de información de gestión de la salud son generar información en todos los niveles del sistema de salud para mejorar la prestación de servicios de salud y asignar los recursos de manera óptima (OPS, 2021).

REFERENCIAS

Abdul-Hamid, Husein. 2017. "What Is an Education Management Information System and Who Uses It?" In *Data for Learning: Building a Smart Education Data System*, 7–16. Washington, DC: World Bank. https://doi.org/10.1596/978-1-4648-1099-2.

Cocciolo, Serena, Suxhmita Samaddar, and Mihaly Fazekas. 2023. "Government Analytics Using Procurement Data." In *The Government Analytics Handbook: Leveraging Data to Strengthen Public Administration*, edited by Daniel Rogger and Christian Schuster, chap. 12. Washington, DC: World Bank. https://doi.org/10.1596/978-1-4648-1957-5.

Cortázar Velarde, Juan Carlos, Mariano Lafuente, and Mario Sanginés, eds. 2014. *Serving Citizens: A Decade of Civil Service Reforms in Latin America (2004–13)*. Washington, DC: Inter-American Development Bank. https://publications.iadb.org/en/serving-citizens-decade-civil-service-reforms-latin-america-2004-13.

Dorotinsky, William, and Joanna Watkins. 2013. "Government Financial Management Information Systems." In *The International Handbook of Public Financial Management*, edited by Richard Allen, Richard Hemming, and Barry H. Potter, chap. 36. New York: Palgrave Macmillan. https://doi.org/10.1057/9781137315304_37.

Farooq, Khuram, and Galileu Kim. 2023. "Creating Data Infrastructures for Government Analytics." In *The Government Analytics Handbook: Leveraging Data to Strengthen Public Administration*, edited by Daniel Rogger and Christian Schuster, chap. 9. Washington, DC: World Bank. https://doi.org/10.1596/978-1-4648-1957-5.

Junquera-Varela, Raúl Félix, and Cristian Óliver Lucas-Mas, eds. 2024. *Revenue Administration Handbook*. Washington, DC: World Bank. https://doi.org/10.1596/978-1-4648-2053-3.

Lippeveld, Theo, Tariq Azim, David Boone, Vikas Dwivedi, Michael Edwards, and Carla AbouZahr. 2019. "Health Management Information Systems: Backbone of the Health System." In *The Palgrave Handbook of Global Health Data Methods for Policy and Practice*, edited by Sarah B. Macfarlane and Carla AbouZahr, 165–81. London: Palgrave Macmillan. https://doi.org/10.1057/978-1-137-54984-6_9.

Nunberg, Barbara. 2021. "Strengthening Subnational Human Resource Management Systems: A Primer. Equitable Growth, Finance and Institutions Insight." World Bank, Washington, DC. https://documents.worldbank.org/pt/publication/documents-reports/documentdetail/099225502022348809/p1754490dbaaa300f0a2b60af27d2e3508c.

OECD (Organisation for Economic Co-operation and Development). n.d. "Methodology for Assessing Procurement Systems." Accessed March 30, 2024. https://www.oecd.org/gov/public-procurement/methodology-assessing-procurement/.

PAHO (Pan American Health Organization). 2021. *Eight Guiding Principles of Digital Transformation of the Health Sector: A Call to Pan American Action.* Washington, DC: PAHO. https://iris.paho.org/handle/10665.2/54256.

Pimenta, Carlos, and Mario Pessoa, eds. 2016. *Public Financial Management in Latin America: The Key to Efficiency and Transparency.* Washington, DC: International Monetary Fund. https://doi.org/10.18235/0000083.

Porta, Emilio, and Gustavo Arcia. 2011. "Improving Information Systems for Planning and Policy Dialogue: The SABER EMIS Assessment Tool." World Bank, Washington, DC. https://www.academia.edu/41964853/Improving_Information_Systems_for_Planning_and_Policy_Dialogue_The_SABER_EMIS_Assessment_Tool_SABER_System_Assessment_and_Benchmarking_for_Education_Results.

UNOPS (United Nations Office for Project Services). 2021. *UNOPS Procurement Manual.* Revision 7, last modified July 1, 2021. Copenhagen, Denmark: UNOPS. https://content.unops.org/service-Line-Documents/Procurement/UNOPS-Procurement-Manual-2021_EN.pdf.

World Bank. 2011. *e-Procurement Reference Guide.* Washington, DC: World Bank. https://documents1.worldbank.org/curated/ar/751741468163749785/pdf/882160WP0Box380ementReferenceGuide.pdf.

Yoon, Seok Yong, Chava Chaithanya, and Dongsung Kong. 2014. *Tool Kit for Tax Administration Management Information System.* Mandaluyong, Philippines: Asian Development Bank. https://www.adb.org/sites/default/files/publication/150133/tool-kit-tax-administration-management-information-system.pdf.